# AKHBAR TORTILLA MUKTAMAD BUKU MASAK

100 CARA UNTUK MEMBUAT TORTILLA ANDA SENDIRI UNTUK BURRITO, ENCILADA, TACOS DAN LAGI!

**Seng Low Mei**

# Hak cipta terpelihara.

## Penafian

Maklumat yang terkandung dalam eBook ini bertujuan untuk berfungsi sebagai koleksi strategi yang komprehensif yang telah dilakukan oleh pengarang eBook ini. Ringkasan, strategi, petua dan helah hanya disyorkan oleh pengarang, dan membaca eBook ini tidak akan menjamin bahawa keputusan seseorang akan betul-betul mencerminkan hasil pengarang. Pengarang eBook telah melakukan segala usaha yang munasabah untuk menyediakan maklumat terkini dan tepat untuk pembaca eBook. Pengarang dan rakan-rakannya tidak akan bertanggungjawab atas sebarang kesilapan atau peninggalan yang tidak disengajakan yang mungkin ditemui. Bahan dalam eBook mungkin termasuk maklumat daripada pihak ketiga. Bahan pihak ketiga terdiri daripada pendapat yang dinyatakan oleh pemiliknya. Oleh itu, pengarang eBook tidak memikul tanggungjawab atau liabiliti untuk sebarang bahan atau pendapat pihak ketiga.

EBook adalah hak cipta © 2022 dengan semua hak terpelihara. Adalah menyalahi undang-undang untuk mengedar semula, menyalin atau mencipta karya terbitan daripada eBuku ini secara keseluruhan atau sebahagian. Tiada bahagian dalam laporan ini boleh diterbitkan semula atau dihantar semula dalam mana-mana diterbitkan semula atau dihantar semula dalam apa jua bentuk sekalipun tanpa kebenaran bertulis dan ditandatangani daripada pengarang.

# ISI KANDUNGAN

**ISI KANDUNGAN**.................................................................................3

**PENGENALAN**..................................................................................8

**TORTILA ASAS**................................................................................10

    1. Tortilla jagung....................................................................11

    2. Nixtamal buatan sendiri........................................................13

    3. Tortilla jagung biru..............................................................16

    4. Roti jagung goreng.............................................................19

    5. Gorditas dan sopes............................................................22

    6. Tortilla tepung asas............................................................27

    7. Tortilla tepung tanpa gluten..................................................30

**TORTILA TEPUNG BERPERISA**........................................................33

    8. Ubi keledek atau tepung labu Tortilla.....................................34

    9. Tortilla kacang hitam..........................................................38

    10. Tortilla beras perang.........................................................41

    11. Tortilla bijirin campuran......................................................44

    12. Millet dan quinoa Tortilla....................................................47

    13. Tortilla Hantu..................................................................51

    14. Keto flaks Tortilla.............................................................54

    15. Tortilla sayur-sayuran dan quinoa........................................56

**PENJERAHAN TORTILLA**...............................................................59

    16. Tepung tortilla "mi" alfredo.................................................60

    17. Tepung tortilla "mi" con queso............................................63

    18. Tortilla tepung "piza".........................................................65

19. Tortilla Tepung "Ladu Goreng" .................................................................. 68
20. Sopapillas (Roti Goreng Manis) ................................................................ 71
21. Tortilla Tepung "Krep" ............................................................................... 75
22. Tortilla Tepung "Empanadas" ................................................................... 78
23. Kerepek Tortilla Tepung Gula Kayu Manis ............................................. 81

## TOSTADAS ............................................................................................................ 83

24. Tostadas Asas ............................................................................................. 84
25. Gorditas de Papas (Kentang Gorditas) ................................................... 86

## BUNGKUS TORTILLA, BURRITO DAN TACOS ............................................... 89

26. Tortilla Tepung ........................................................................................... 90
27. Tortilla Tepung Badam .............................................................................. 93
28. Quesadillas Kacang dan Babi .................................................................. 96
29. Quesadillas Ayam Berkrim ....................................................................... 99
30. Tortilla Tepung Cilantro ......................................................................... 102
31. Tortilla Jagung ......................................................................................... 105
32. Kuali Burrito Daging ............................................................................... 107
33. Kuali Enchilada Ayam ............................................................................. 110
34. Kerepek Tortilla ....................................................................................... 113
35. Apple Taquitos ......................................................................................... 116
36. Pai Tortilla Ayam Kuali ........................................................................... 119
37. Roti Bakar Perancis Tortilla ................................................................... 123
38. Taco Daging Korea .................................................................................. 126
39. Ayam dan Poblano Chilaquiles .............................................................. 130
40. Taco Ketam Segar ................................................................................... 134
41. Pic Dan Krim Pencuci Mulut Taco ......................................................... 138
42. Sarapan Burrito ....................................................................................... 141
43. Enchilada Ayam Cili Hijau ...................................................................... 145

44. Sup Tortilla Mexico...................................................................................148

45. Ceviche de Camarón...............................................................................152

46. Huevos Rancheros..................................................................................155

47. Migas..........................................................................................................159

48. Nachos pencuci mulut..........................................................................162

49. Salad Ayam Taco Dengan jalur tortilla.............................................165

50. Bungkus Hummus hitam......................................................................169

51. Taco Vegan................................................................................................172

52. Sweet Potato Avocado dan taco kacang hitam............................175

53. Burrito Bacon, Telur Dan cendawan.................................................178

54. Bacon dan Telur Quesadillas...............................................................181

55. Tortilla Gandum Seluruh......................................................................184

56. Tuna, Epal Dan bungkus alpukat......................................................187

57. Balut ayam belanda...............................................................................190

58. Bungkus Tortilla Keju Ham..................................................................193

59. Avokado, Kacang hitam dan bungkus feta....................................196

60. Pek Taco Hobo........................................................................................200

61. Flauta daging lembu yang dicincang..............................................204

62. Steak Fajitas Dengan kubis dan daun bawang............................208

63. Tostadas Ayam Chipotle Berempah................................................212

64. Bungkus Pesto Ayam.............................................................................217

65. Batang Drum Ayam Tortilla.................................................................220

66. Bungkus Daging Lembu.......................................................................223

67. Tortilla Ayam Bakar................................................................................226

68. Piza Pepperoni Tortilla..........................................................................229

69. Quesadillas Dengan salsa....................................................................232

70. Kacang Dan quesadillas keju..............................................................235

71. Kaserol Tortilla Ayam.............................................................................238

72. Sarapan Sosej Tortilla............................................................................242

73. Kentang Manis, cendawan dan burrito kacang hitam ............... 245
74. Telur Kacau Dengan chorizo dan Tortilla .............................. 249
75. Tofu-Tahini Veggie Wraps ................................................... 252
76. Hummus Pitas yang telah dibongkar .................................... 255
77. Bungkus Vegan Mediterranean ........................................... 258
78. Vegan Shawarma ............................................................... 261
79. Roti vegan yang rangup ..................................................... 264
80. Kari Tauhu Pitas ................................................................ 267
81. Bungkus Sayuran Hummus ................................................ 270
82. Rainbow Veggie Wraps ...................................................... 273

## ISI DAN SOS ............................................................................. 276

83. Isi epal rum ....................................................................... 277
84. Isi labu .............................................................................. 280
85. Mascarpone manis ............................................................ 282
86. Crème anglaise .................................................................. 284
87. Sos karamel Mexico ........................................................... 286
88. sos nenas .......................................................................... 289
89. Pico buah .......................................................................... 291
90. Tomato kering matahari Spread ......................................... 293
91. Mimpi Hummus ................................................................. 295
92. cinta alpukat ..................................................................... 297
93. Pimiento spread untuk mengisi sandwic ............................. 299
94. Taburan sandwic tauhu ..................................................... 302
95. Sajian sandwic sayuran ..................................................... 305
96. Lentil India tersebar ......................................................... 307
97. Taburan sandwic chickpea ................................................. 309
98. Taburan kacang kari .......................................................... 311
99. Salad Sandwic Spread ....................................................... 314

100. Taburan Sandwic Tauhuna..................................................................317

**KESIMPULAN**......................................................................................**319**

# PENGENALAN

Kebanyakan kita mengambil Tortilla begitu sahaja. Ia agak murah untuk dibeli—dan agak bagus. Kami menggunakannya sama seperti orang Mesoamerika yang menciptanya: seperti roti. Malah, jualan tortilla adalah yang kedua selepas roti potong di Amerika Syarikat.

Jadi mengapa membuat mereka? Mengapa membeli peralatan khas—seperti penekan elektrik atau manual, penggelek, griddle atau komal—untuk membuat dari awal apa yang begitu mudah didapati di pasar raya, kedai serbaneka dan barangan runcit khusus? Atas sebab yang sama kami membakar roti, biskut dan gulung. Kerana hanya keluar dari ketuhar atau panas dari griddle, doh yang dibakar memberi isyarat, mengenyangkan, dan keselesaan seperti tiada yang lain.

Roti harian yang dibuat segar, termasuk Tortilla, adalah istimewa kerana, bagi kebanyakan kita, ia hanyalah pengalaman harian. Walaupun membuat Tortilla memerlukan latihan, membuat Tortilla adalah lebih cepat dan lebih mudah daripada membuat roti yis, yang memerlukan mencampur dan menguli doh, biarkan ia naik sekali atau dua kali, membentuk dan membakarnya.

Apabila bercakap tentang Tortilla buatan sendiri, keindahan adalah pada rasa dan aromanya. Jangan peluh simetri. Dapatkan

Tortilla senipis mungkin tetapi terima hakikat bahawa Tortilla bulat sempurna dengan tepi licin adalah hasil mesin. Amalan akan menjadikan Tortilla anda lebih bulat dan lebih seragam, terutamanya Tortilla tepung. Mereka mungkin tidak akan sempurna, kecuali dalam rasa dan keaslian.

Seperti roti yis segar atau mana-mana roti cepat, aroma Tortilla segar memikat. Rangup lembut di luar dan lembut di dalam, Tortilla segar adalah hidangan istimewa. Walaupun biasa, tetapi pastinya dengan sapuan mentega cair, keju atau kacang goreng sutera, Tortilla buatan sendiri adalah hadiah sebenar daripada tukang masak istimewa yang tahu cara membuatnya.

Dapatkan istimewa anda dan jadilah bakat tortilla.

Terdapat satu lagi sebab untuk membuat Tortilla di rumah: mengawal bahan-bahan. Tortilla buatan sendiri anda tidak akan mempunyai bahan pengawet atau bahan tambahan kimia lain untuk kestabilan rak, kerana Tortilla anda tidak akan bertahan cukup lama sehingga memerlukan bahan pengawet. Walaupun sedap, Tortilla anda berkemungkinan besar akan disarungkan sebaik sahaja ia keluar dari griddle.

# TORTILA ASAS

# 1. Tortilla jagung

Membuat 12 Tortilla

**BAHAN-BAHAN**

2 cawan (240 g) masa harina, putih atau kuning

2 hingga 3 sudu besar (16 hingga 24 g) serba guna, tidak diluntur atau (18 hingga 27 g) tepung bebas gluten (pilihan)

1/2 sudu teh garam

11/4 hingga 11/3 cawan (285 hingga 315 ml) air suam (lebih banyak mengikut keperluan) atau Cecair Berperisa

**ARAH**

1 Dalam mangkuk sederhana, pukul atau kacau bersama masa dan tepung, jika menggunakan, dan garam.

2 Masukkan air secara beransur-ansur dan gaul, menggunakan sudu kayu atau spatula dan tangan, sehingga bahan-bahan sebati. Uli selama 20 hingga 30 saat sehingga doh menjadi lentur. Doh harus cukup lembap untuk dipegang bersama. Tambah air suam tambahan, 1 sudu besar (15 ml) pada satu masa, jika perlu.

3 Bahagikan doh kepada 12 bola bersaiz bola golf, bentuk dengan tangan anda. Letakkan setiap bebola doh dalam mangkuk dan tutup dengan tuala lembap untuk mengekalkan kelembapan.

4 Tekan atau canai setiap bebola doh menggunakan penekan tortilla manual atau rolling pin dan masak di atas 2 comal atau griddle panas. Atau tekan dan bakar menggunakan penekan/pembakar tortilla elektrik.

## 2. Nixtamal buatan sendiri

Membuat 2 paun (910 g) nixtamal atau masa, kira-kira 16 Tortilla

**BAHAN-BAHAN**

2 cawan (448 g) jagung lekuk kering (lihat bar sisi), dibilas dan toskan

2 sudu besar (12 g) kalsium hidroksida, aka "kal" (kapur salur atau jeruk)

6 cawan (1.4 L) air suam

1 sudu teh garam

**ARAH**

1 Dalam periuk besar di atas api perlahan, satukan jagung, kal, dan air. Didihkan, kira-kira 30 hingga 45 minit. Air mesti panas perlahan-lahan. Sebaik sahaja air mendidih, matikan api dan biarkan semalaman, 18 hingga 24 jam, pada suhu bilik.

2 Toskan jagung yang telah direndam dalam colander besar. Bilas dengan baik dengan air sejuk.

3 Isikan mangkuk dalam atau kuali besar dengan air sejuk. Masukkan jagung yang telah direndam. Gunakan tangan anda untuk menggosok jagung di dalam air dan keluarkan badanya. Tuangkan air untuk mengeluarkan sebarang badan terapung. Isi semula dengan air untuk menutup jagung, gosok jagung, dan tuangkan air. Ulang 7 hingga 10 kali untuk menghilangkan kulit jagung. Apabila air mengalir jernih atau hampir jernih, misi

tercapai. Jangan longkang kali terakhir. Pada ketika ini, anda mempunyai posole. Posole digunakan dalam rebusan Mexico.

4 Untuk masa: Kisar jagung yang dibuang kulit hingga menjadi doh bertekstur halus (nixtamal) dengan menggunakan pengisar manual atau elektrik, metate atau pemproses makanan.

5 Untuk membuat masa menggunakan pemproses makanan, gunakan sudu berlubang untuk mengalirkan separuh cecair yang berlebihan dan letakkan separuh daripada jagung yang telah direndam ke dalam mangkuk kerja yang dilengkapi dengan bilah. Nadi 10 hingga 15 kali. Masukkan baki jagung dan nadi 10 hingga 15 kali. Tambah 1 hingga 2 sudu besar (15 hingga 28 ml) air daripada jagung. Nadi lagi 8 hingga 10 kali. Kikis mangkuk seperti yang diperlukan di antara berdenyut. Tambah 1 hingga 2 sudu besar lagi (15 hingga 28 ml) air dan garam. Denyut sehingga doh mula terbentuk.

6 Putar ke atas papan, uli beberapa kali, dan bentukkan menjadi bola. Balut dengan plastik dan biarkan selama 30 minit. Pecahkan kepada kepingan 11/2 auns (42 g) dan bentukkan menjadi 16 bola.

7 Tekan setiap bebola doh menggunakan penekan tortilla.

8 Masak di atas comal atau griddle panas.

9 Atau tekan dan bakar menggunakan penekan/pembakar tortilla elektrik.

10 Biarkan suam sehingga semua doh digunakan.

## 3. Tortilla jagung biru

Membuat 12 Tortilla

**BAHAN-BAHAN**

2 cawan (240 g) jagung biru masa harina

2 hingga 3 sudu besar (16 hingga 24 g) serba guna, tidak diluntur atau (18 hingga 27 g) tepung bebas gluten (pilihan)

1/2 sudu teh garam

11/4 hingga 11/3 cawan (285 hingga 315 ml) air suam (lebih banyak mengikut keperluan)

**ARAH**

1 Dalam mangkuk sederhana, pukul atau kacau bersama masa dan tepung, jika menggunakan, dan garam.

2 Masukkan air. Gaul, menggunakan sudu kayu atau spatula dan tangan, sehingga semua bahan sebati. Uli selama 20 hingga 30 saat sehingga doh menjadi lentur. Doh harus cukup lembap untuk dipegang bersama. Tambah air suam, 1 sudu besar (15 ml) pada satu masa, jika perlu.

3 Bahagikan doh kepada 12 bola bersaiz bola golf, bentuk dengan tangan anda. Letakkan setiap bebola doh dalam mangkuk dan tutup dengan tuala lembap untuk mengekalkan kelembapan.

4 Tekan atau canai setiap bebola doh menggunakan penekan tortilla manual atau rolling pin dan masak di atas comal atau

griddle yang panas. Atau tekan dan bakar menggunakan penekan/pembakar tortilla elektrik.

5 Biarkan suam sehingga semua doh digunakan.

## 4. Roti jagung goreng

Membuat 4 hidangan

**BAHAN-BAHAN**

2 cawan (240 g) tepung jagung kuning, putih atau biru

1 sudu teh garam

1 cawan (235 ml) air mendidih

Minyak untuk menggoreng

**ARAH**

1 Dalam mangkuk adunan besar, satukan tepung jagung dan garam. Masukkan air mendidih secara beransur-ansur. Doh hendaklah cukup lembap untuk memegang bentuk tetapi tidak terlalu lembut. Biarkan doh sejuk cukup untuk dikendalikan, kira-kira 5 minit.

2 Bahagikan doh kepada 12 bola golf bersaiz bola, bentukkan dengan tangan anda.

3 Menggunakan tangan anda, ratakan setiap bebola doh ke dalam patty setebal 1/2 inci (13 mm). Semasa minyak panas, tutup patties dengan tuala lembap.

4 Panaskan 1/2 inci (13 mm) minyak dalam kuali elektrik hingga 375°F (190°C), atau gunakan kuali berat di atas api sederhana tinggi dan termometer gula-gula/goreng.

5 Menggunakan spatula berlubang, luncurkan 2 hingga 3 biji tepung jagung dengan berhati-hati ke dalam minyak panas.

Masak di sebelah sehingga keemasan, 3 hingga 5 minit. Putar dan masak sehingga kedua-dua bahagian berwarna keemasan, 3 minit lagi.

6 Toskan pada tuala kertas. Tetap hangat. Ulang sehingga semua patty digoreng.

7 Apabila sedia untuk dihidangkan, panaskan 1/2 inci (13 mm) minyak dalam kuali berat di atas api sederhana tinggi hingga 375°F (190°C). Letakkan patties sebelah rata ke bawah dalam minyak panas dan goreng ringan sehingga garing dan keemasan, kira-kira 1 minit untuk setiap sisi. Keluarkan dari minyak, toskan pada tuala kertas, dan biarkan hangat. Ulang sehingga semua patty digoreng.

## 5. Gorditas dan sopes

Membuat 12 gorditas atau sopes

**BAHAN-BAHAN**

2 cawan (240 g) masa harina

1 sudu teh garam

1 sudu teh serbuk penaik biasa atau bebas gluten (tinggalkan untuk sopes)

11/2 (355 ml) cawan air

1/2 cawan (103 g) lemak babi atau pemendekan sayuran atau 1/3 cawan (80 ml) minyak sayuran atau (75 g) minyak kelapa pepejal

Minyak sayuran, untuk menggoreng sope

**ARAH**

1 Panaskan comal atau griddle pada api sederhana hingga 350°F (180°C) atau mengikut arahan pengilang jika menggunakan mesin penekan/pembakar elektrik.

2 Dalam mangkuk adunan yang besar, satukan masa, garam dan serbuk penaik (jika guna untuk gorditas), pukul atau kacau untuk sebati.

3 Dalam periuk kecil di atas api sederhana, satukan air dan lemak babi atau minyak. Panaskan untuk mencairkan lemak babi. Ketepikan api untuk menyejukkan hingga suam sebelum digabungkan dengan bahan kering.

4 Masukkan cecair suam secara beransur-ansur ke dalam bahan kering dan uli selama kira-kira 3 minit. Doh hendaklah konsisten Play-Doh, boleh ditempa dan licin tetapi dengan keanjalan yang cukup untuk memegang bentuk.

5 Bahagikan doh kepada 12 pusingan bersaiz bola golf.

## UNTUK GORDITAS

1 Dengan tangan, atau menggunakan penekan, bentukkan bebola menjadi patties atau gorditas setebal 1/2 inci (13 mm), diameter kira-kira 4 inci (10 cm). Tutup dengan tuala lembap untuk mengelakkan pengeringan. (Lihat di sini untuk butiran tentang menggunakan penekan manual atau penekan/griddle elektrik. Jangan tekan nipis seperti Tortilla.)

2 Minyakkan sedikit komal atau griddle yang telah dipanaskan.

3 Bakar gorditas di atas api sederhana selama 10 hingga 12 minit, putar mengikut keperluan untuk mengelakkan sedutan berlebihan. Mereka harus mengembung sedikit semasa memasak. Gorditas hendaklah masak perlahan-lahan supaya bahagian dalam tidak terlalu doh. Bahagian luar harus mempunyai bintik coklat muda.

4 Biarkan sejuk kira-kira 5 minit untuk pengendalian yang lebih mudah. Hidangkan kosong atau belah dengan pisau (seperti yang anda lakukan pada pita atau muffin Inggeris).

## UNTUK SOPE

1 Ulang langkah terakhir 1 hingga 5.

2 Dengan tangan atau menggunakan penekan elektrik, bentukkan bebola menjadi 12 (1/3 inci [8 mm] tebal) roti atau sopes. Tutup dengan tuala lembap untuk mengelakkan pengeringan. (Lihat di sini untuk butiran tentang menggunakan penekan manual atau penekan/griddle elektrik.) Jangan tekan nipis seperti untuk Tortilla. Sope hendaklah berdiameter kira-kira 4 inci (10 cm).

3 Minyakkan sedikit komal atau griddle yang telah dipanaskan.

4 Letakkan setiap sope pada comal atau griddle yang telah dipanaskan minyak dan masak selama kira-kira 1 minit atau sehingga doh mula mengeras. Jangan terlalu masak atau doh akan kering dan pecah. Balikkan dan masak selama 20 hingga 30 saat lagi.

5 Menggunakan spatula, keluarkan sope yang telah masak dari griddle. Tutup Tortilla dengan tuala dapur kering dan sejukkan selama 30 hingga 45 saat atau sehingga cukup sejuk untuk dikendalikan dengan teliti. Dengan cepat—sebelum ia terlalu sejuk—terbalikkan tepi ke atas untuk membentuk tepi bibir, seperti kerak tart, untuk memegang inti. Tutup dengan tuala kering dan ulangi sehingga semua sope masak dan dibentuk. Ini boleh dilakukan sehingga 3 atau 4 jam lebih awal.

6 Apabila sedia untuk dihidangkan, panaskan 1/2 inci (13 mm) minyak dalam kuali berat di atas api sederhana tinggi hingga 375°F (190°C). Letakkan sopes bahagian rata ke bawah dalam minyak panas dan goreng ringan sehingga garing dan keemasan,

kira-kira 1 minit untuk setiap sisi. Keluarkan dari minyak, toskan pada tuala kertas, dan biarkan hangat. Ulang sehingga semua sope digoreng.

## 6. Tortilla tepung asas

Membuat 12 (6 inci [15 sm]) Tortilla

**BAHAN-BAHAN**

2 cawan (250 g) tepung putih serba guna, (240 g) tepung tidak diluntur, atau (240 g) tepung gandum yang dikisar halus (atau gabungan)

1 sudu teh serbuk penaik (pilihan)

1 sudu teh garam

1/2 cawan (103 g) lemak babi pepejal atau pemendekan sayuran atau 1/3 cawan (68 g) lemak babi segar, (80 ml) minyak sayuran, jagung, atau zaitun (atau yang dikehendaki), atau (75 g) minyak kelapa pepejal

1 cawan (235 ml) air panas (ditunjukkan di sini untuk membuat Tortilla Tepung Berperisa)

**ARAH**

1 Dalam mangkuk besar, kacau bersama tepung, serbuk penaik, dan garam. Menggunakan pemotong pastri atau mangkuk kerja pemproses makanan yang dilengkapi dengan bilah, potong lemak babi sehingga campuran menyerupai serbuk kasar. Jika campuran kelihatan terlalu kering, masukkan pemendekan atau lemak babi tambahan, seperti yang diperlukan.

2 Perlahan-lahan masukkan air panas, kacau atau berdenyut, untuk membentuk bebola doh. Uli sedikit doh dalam mangkuk 30 kali atau mengikut keperluan untuk membentuk doh yang lentur,

tidak melekit. Atau keluarkan doh dari mangkuk kerja pemproses makanan dan uli di atas papan yang ditaburi sedikit tepung.

3 Letakkan doh yang diuli dalam mangkuk atau di atas papan pastri. Tutup dengan tuala dapur bersih dan biarkan berehat 1 jam. Ini adalah tempat persinggahan yang baik jika anda ingin menghidangkan Tortilla segar nanti. Doh boleh berehat 4 hingga 6 jam jika ia ditutup rapat dengan lapisan pembalut plastik dan tuala untuk mengelakkan kekeringan. Jangan simpan dalam peti ais.

4 Cubit kepingan dan bentukkan doh menjadi 12 bebola bersaiz sekata. Tutup dengan tuala dapur bersih dan biarkan berehat 20 hingga 30 minit lagi.

5 Apabila tiba masanya untuk menghabiskan Tortilla, gulung setiap bebola doh sehingga sangat nipis (tidak lebih tebal daripada kulit keras buku, lebih nipis jika boleh) menggunakan pin penggelek. Balutkan di tepi mangkuk dan tutup dengan tuala sambil melancarkan setiap tortilla.

6 Masak di atas comal atau griddle panas. Atau tekan dan bakar menggunakan penekan/pembakar tortilla elektrik.

7 Panaskan sehingga semua doh digunakan.

## 7. Tortilla tepung tanpa gluten

Membuat 12 (6 inci [15 sm]) Tortilla

## BAHAN-BAHAN

2 cawan (272 g) tepung tanpa gluten

1 sudu teh serbuk penaik bebas gluten (pilihan)

1 sudu teh garam

1/2 cawan (103 g) lemak babi atau pemendekan sayuran, atau 1/3 cawan (68 g) lemak babi segar, (80 ml) sayuran, jagung, minyak zaitun (atau yang dikehendaki), atau (75 g) minyak kelapa pepejal

1 cawan (235 ml) air panas

## ARAH

1 Dalam mangkuk besar, kacau bersama tepung, serbuk penaik, dan garam. Menggunakan pemotong pastri atau mangkuk kerja pemproses makanan yang dilengkapi dengan bilah, potong lemak babi sehingga campuran menyerupai serbuk kasar. Jika campuran kelihatan terlalu kering, masukkan pemendekan atau lemak babi tambahan, seperti yang diperlukan.

2 Perlahan-lahan masukkan air panas, kacau atau berdenyut, untuk membentuk bebola doh. Uli sedikit doh dalam mangkuk 30 kali atau mengikut keperluan untuk membentuk doh yang lentur, tidak melekit. Atau keluarkan doh dari mangkuk kerja pemproses makanan dan uli di atas papan yang ditaburi sedikit tepung.

3 Letakkan doh yang diuli dalam mangkuk atau di atas papan pastri. Tutup dengan tuala dapur bersih dan biarkan berehat 1 jam. Ini adalah tempat persinggahan yang baik jika anda ingin menghidangkan Tortilla segar nanti. Doh boleh berehat 4 hingga 6 jam jika ia ditutup rapat dengan lapisan pembalut plastik dan tuala untuk mengelakkan kekeringan. Jangan simpan dalam peti ais.

4 Cubit kepingan dan bentukkan doh menjadi 12 bebola bersaiz sekata. Tutup dengan tuala dapur bersih dan biarkan berehat 20 hingga 30 minit lagi.

5 Apabila tiba masanya untuk menghabiskan Tortilla, gulung setiap bebola doh sehingga sangat nipis (tidak lebih tebal daripada kulit keras buku, lebih nipis jika boleh) menggunakan pin penggelek. Balutkan di tepi mangkuk dan tutup dengan tuala sambil melancarkan setiap tortilla.

6 Masak di atas comal atau griddle panas. Atau tekan dan bakar menggunakan penekan/pembakar tortilla elektrik.

7 Panaskan sehingga semua doh digunakan.

# TORTILA TEPUNG BERPERISA

## 8. Ubi keledek atau tepung labu Tortilla

Membuat 12 (6 inci [15 sm]) Tortilla

## BAHAN-BAHAN

2 cawan (250 g) tepung putih serba guna, (240 g) tepung tidak diluntur, atau (240 g) tepung gandum yang dikisar halus (atau gabungannya)

3 sudu teh (14 g) serbuk penaik

1 sudu teh garam

1/2 cawan (103 g) lemak babi atau pemendekan sayuran atau 1/3 cawan (80 ml) minyak sayuran, jagung, atau zaitun (atau yang dikehendaki), atau (75 g) minyak kelapa pepejal

3/4 cawan (246 g) ubi keledek tumbuk (tin atau segar) atau (184 g) puri labu (tin atau segar)

1/2 cawan (120 ml) air panas, ditambah tambahan mengikut keperluan

## ARAH

1 Dalam mangkuk besar, kacau bersama tepung, serbuk penaik, dan garam.

2 Menggunakan pengisar pastri, garpu, atau dua pisau, campurkan lemak babi atau shortening sehingga tepung kelihatan seperti serbuk kasar.

3 Masukkan ubi atau labu secara beransur-ansur dan air panas, kacau dengan sudu kayu, untuk membentuk bebola doh.

4 Untuk membuat doh menggunakan pemproses makanan yang dilengkapi dengan pisau, satukan bahan kering dalam mangkuk kerja. Masukkan lemak babi, berdenyut-denyut hingga sebati sehingga adunan menyerupai serbuk kasar. Jika campuran kelihatan terlalu kering, masukkan pemendekan atau lemak babi tambahan mengikut keperluan. Masukkan ubi keledek atau labu secara beransur-ansur dan air, berdenyut untuk membentuk bebola doh.

5 Setelah doh terbentuk, uli sedikit doh dalam mangkuk 30 kali atau mengikut keperluan untuk membentuk doh yang lentur, tidak melekit. Atau keluarkan doh dari mangkuk kerja pemproses makanan dan uli di atas papan yang ditaburi sedikit tepung seperti di atas. Jika adunan terlalu melekit, tambah tepung tambahan mengikut keperluan.

6 Letakkan doh yang diuli dalam mangkuk atau di atas papan pastri. Tutup dengan tuala dapur bersih dan biarkan selama 1 jam. Ini adalah tempat persinggahan yang baik jika anda ingin menghidangkan Tortilla segar nanti. Doh boleh berehat sehingga 4 hingga 6 jam jika ia ditutup rapat dengan lapisan pembalut plastik dan tuala untuk mengelakkan kekeringan. Jangan simpan dalam peti ais.

7 Cubit kepingan dan bentukkan doh menjadi 12 bebola bersaiz sekata. Tutup dengan tuala dapur bersih dan biarkan berehat 20 hingga 30 minit lagi.

8 Apabila tiba masanya untuk menghabiskan Tortilla, gulungkan setiap bebola doh sehingga sangat nipis (tidak lebih tebal

daripada kulit keras buku, lebih nipis jika boleh) menggunakan pin penggelek. Balutkan di tepi mangkuk dan tutup dengan tuala sambil melancarkan setiap tortilla.

9 Masak di atas comal atau griddle yang panas. Atau tekan dan bakar menggunakan penekan/pembakar tortilla elektrik.

10 Biarkan suam sehingga semua doh digunakan.

## 9. Tortilla kacang hitam

Membuat 12 (6 inci [15 sm]) Tortilla

**BAHAN-BAHAN**

1/3 cawan (47 g) tepung kacang hitam

1/2 cawan (64 g) tepung jagung

2 sudu besar (16 g) tepung ubi kayu

1/2 sudu teh garam

2 biji telur, dipukul sedikit

11/2 cawan (355 ml) air

Semburan minyak sayuran mengikut keperluan

**ARAH**

1 Dalam mangkuk sederhana, satukan tepung kacang hitam, tepung jagung, tepung ubi kayu dan garam.

2 Menggunakan pukul, pukul telur dan air sehingga adunan tidak berketul. Adunan akan menjadi sangat nipis. Ketepikan selama 25 hingga 30 minit untuk pekat.

3 Panaskan dahulu kuali krep bersaiz 6 atau 8 inci (15 hingga 20 cm) kepada 375°F (190°C). Kuali dengan permukaan tidak melekat adalah lebih baik. Atau salutkan sedikit bahagian dalam bahagian bawah dan sisi kuali dengan semburan masak sebelum memasak tortilla.

4 Apabila kuali dipanaskan, tuangkan 1/4 cawan (60 ml) adunan ke dalam kuali, pusing-pusing untuk mengagihkan adunan secara sekata dan buat tortilla yang bulat dan nipis. Masak selama 45 saat hingga 1 minit atau sehingga adunan set.

5 Menggunakan spatula, balik-balikkan tortilla cukup lama untuk memasak bahagian sebelah lagi sehingga coklat muda. Keluarkan ke sehelai kertas lilin. Teruskan dengan baki adunan, asingkan setiap tortilla dengan sehelai kertas lilin. Panaskan sehingga sedia untuk dihidangkan.

Kegunaan yang dicadangkan: Gulung seperti Flour Tortilla "Crepes" yang diisi dengan Telur Kacau dan di atasnya dengan Sos Chile Merah New Mexico.

## 10. Tortilla beras perang

Membuat 12 (6 inci [15 sm]) Tortilla

**BAHAN-BAHAN**

11/2 cawan (240 g) tepung beras perang

1/2 cawan (60 g) tepung ubi kayu

1/2 sudu teh garam

1 cawan (235 ml) air mendidih

Minyak sayuran pilihan

**ARAH**

1 Dalam mangkuk adunan sederhana, pukul bersama beras perang dan tepung ubi kayu dan garam.

2 Menggunakan sudu kayu, campurkan air mendidih secara beransur-ansur untuk membentuk doh. Uli doh dalam mangkuk sebanyak 20 kali. Tambah air, 1 sudu besar (15 ml) pada satu masa, jika doh terasa terlalu kering.

3 Tutup dengan tuala lembap dan biarkan berehat 10 minit.

4 Cubit kepingan dan bentukkan doh menjadi 12 bebola bersaiz sekata. Tutup dengan tuala dapur yang lembap.

5 Canai setiap bebola doh sehingga sangat nipis (tidak lebih tebal daripada kulit buku, lebih nipis jika boleh) menggunakan penggelek. Atau tekan menggunakan mesin penekan tortilla manual. Balingkan di bahagian tepi mangkuk dan tutup dengan tuala lembap sambil melancarkan atau menekan setiap tortilla.

6 Panaskan comal atau griddle di atas api sederhana tinggi. Apabila griddle cukup panas untuk membuat beberapa titisan air "menari" dan segera menguap, salutkan permukaan panas dengan minyak sayuran. Masak Tortilla 1 hingga 2 minit pada setiap sisi sehingga bintik sawo matang kelihatan. Ulang, tambah lebih banyak minyak seperti yang diperlukan, sehingga semua Tortilla masak.

7 Panaskan sehingga semua doh digunakan.

8 Apabila semua Tortilla masak, pegang dalam pemanas tortilla atau susun di antara dua pinggan. Biarkan duduk dan kukus selama kira-kira 10 minit supaya ia menjadi lembut dan lentur.

## 11. Tortilla bijirin campuran

Membuat 12 Tortilla

**BAHAN-BAHAN**

2/3 cawan (80 g) tepung ubi kayu

2/3 cawan (107 g) tepung beras

1/3 cawan (45 g) tepung sorgum

1/3 cawan (40 g) tepung soba

1/2 sudu teh serbuk penaik bebas gluten

3/4 sudu teh xanthan gum

1 cawan (235 ml) air panas

1/3 cawan (68 g) tepung beras manis, atau mengikut keperluan

Minyak sayuran pilihan

**ARAH**

1 Dalam mangkuk besar, satukan ubi kayu, beras, sorgum dan tepung soba, serbuk penaik dan gula-gula getah xanthan.

2 Menggunakan senduk kayu, campurkan air panas secara beransur-ansur, dan gaul sehingga menjadi doh. Jika doh terlalu melekit untuk membentuk bebola, tambah tepung beras manis dengan sudu besar (13 g) untuk mencapai doh yang lembut dan tidak melekit yang akan mengekalkan bentuknya.

3 Bahagikan doh kepada 12 bahagian saiz sekata. Gulung untuk membentuk bola bersaiz bola golf. Kembali ke mangkuk dan tutup dengan tuala lembap.

4 Taburkan sedikit permukaan rolling dan sebiji bola doh dengan tepung beras. Canai setiap bebola doh sehingga nipis (tidak lebih tebal daripada kulit buku, lebih nipis jika boleh) menggunakan pin penggelek. Atau tekan menggunakan mesin penekan tortilla manual.

5 Panaskan comal atau griddle di atas api sederhana tinggi. Apabila griddle cukup panas untuk membuat beberapa titisan air "menari" dan segera menguap, salutkan permukaan panas dengan minyak sayuran.

6 Apabila minyak panas, luncurkan dalam satu tortilla. Gerakkannya untuk melapisi bahagian bawah dengan minyak; flip dan gerakkannya untuk melapisi bahagian itu.

7 Masak sehingga tortilla mula perang, kira-kira 2 hingga 3 minit. Putar dan masak sehingga bahagian lain mula berwarna perang, 3 hingga 4 minit lagi. Tambah minyak tambahan seperti yang diperlukan untuk memasak Tortilla yang tinggal.

8 Toskan pada tuala kertas dan panaskan sehingga semua doh digunakan.

## 12. Millet dan quinoa Tortilla

Membuat 12 Tortilla

**BAHAN-BAHAN**

1/2 cawan (60 g) tepung millet

1/2 cawan (56 g) tepung quinoa

1 cawan (120 g) tepung ubi kayu

1 sudu teh serbuk penaik bebas gluten

1 sudu teh xanthan gum

1 sudu teh garam

1 sudu besar (20 g) madu atau sirap agave

1/2 cawan (120 g) air suam

4 sudu besar (103 g) pemendekan atau lemak babi

**ARAH**

1 Dalam mangkuk pengadun elektrik atau mana-mana mangkuk bersaiz sederhana, satukan bijirin, quinoa dan tepung ubi kayu, serbuk penaik, gula xanthan dan garam. Gunakan pengadun elektrik pada kelajuan rendah atau pukul dengan tangan untuk menggabungkan bahan kering.

2 Jika menggunakan pengadun elektrik, tambahkan madu atau agave, air suam, dan shortening atau lemak babi, gaul sehingga menjadi doh di sekeliling pemukul. Campurkan doh pada kelajuan sederhana selama satu minit tambahan. Atau, jika menggunakan

tangan, gunakan sudu kayu untuk mengacau bahan-bahan basah, kacau untuk membentuk bola lembut. Uli 10 hingga 20 kali. Doh akan menjadi sedikit melekit dan kenyal.

3 Balut doh dengan ketat dalam bungkus plastik dan sejukkan selama 30 hingga 45 minit.

4 Selepas sejuk, bahagikan doh kepada 12 bahagian yang sama, dan bentuk setiap satu menjadi bebola. Kembali ke dalam mangkuk dan tutup dengan tuala lembap untuk mengelakkan pengeringan.

5 Canai setiap bebola doh sehingga sangat nipis (tidak lebih tebal daripada kulit buku, lebih nipis jika boleh) menggunakan penggelek. Atau tekan menggunakan mesin penekan tortilla manual. Balingkan di bahagian tepi mangkuk dan tutup dengan tuala lembap sambil melancarkan atau menekan setiap tortilla.

6 Panaskan comal atau griddle di atas api sederhana tinggi. Apabila griddle cukup panas untuk membuat beberapa titisan air "menari" dan segera menguap, salutkan permukaan panas dengan minyak sayuran. Masak Tortilla 1 hingga 2 minit pada setiap sisi. Ulang, tambah lebih banyak minyak seperti yang diperlukan sehingga semua Tortilla masak.

7 Panaskan sehingga semua doh digunakan.

8 Apabila semua Tortilla masak, pegang dalam pemanas tortilla atau susun di antara dua pinggan. Biarkan duduk dan kukus selama kira-kira 10 minit supaya ia menjadi lembut dan lentur.

Penggunaan yang dicadangkan: Enchilada yang diisi dengan Carnitas di atasnya dengan Real Deal Mole, atau Easier Mole, Flour Tortilla "Pizza".

## 13. Tortilla Hantu

Membuat 12 Tortilla

**BAHAN-BAHAN**

3/4 cawan (120 g) tepung beras putih

1/2 cawan (60 g) tepung ubi kayu

1/4 cawan (30 g) tepung kacang ayam

1/2 cawan (96 g) kanji kentang

1 sudu teh xanthan gum

1 sudu teh garam

1 sudu teh serbuk penaik bebas gluten

1/4 cawan (51 g) lemak babi, pemendekan atau (56 g) minyak kelapa pepejal

1 cawan (235 ml) air panas

1 Dalam mangkuk besar atau mangkuk kerja pemproses makanan yang dilengkapi dengan pisau, kacau bersama beras, ubi kayu dan tepung kacang ayam, kanji kentang, gula xanthan, garam dan serbuk penaik.

2 Menggunakan pemotong pastri atau pemproses makanan, potong lemak babi atau nadi sehingga adunan menyerupai serbuk kasar. Jika campuran kelihatan terlalu kering, masukkan pemendekan atau lemak babi tambahan mengikut keperluan.

3 Perlahan-lahan tambah 1/2 cawan (120 ml) air panas, kacau atau berdenyut-denyut hingga sebati. Masukkan baki air secara beransur-ansur untuk membentuk bebola doh.

4 Uli sedikit doh dalam mangkuk 20 kali atau mengikut keperluan untuk membentuk doh yang lentur, tidak melekit. Atau keluarkan doh dari mangkuk kerja pemproses makanan dan uli di atas papan yang ditaburkan dengan tepung beras atau tepung ubi kayu.

5 Cubit kepingan dan bentukkan doh menjadi 12 bebola bersaiz sekata. Tutup dengan tuala dapur yang lembap untuk mengelakkan kekeringan.

6 Canai setiap bebola doh sehingga sangat nipis (tidak lebih tebal daripada kulit buku, lebih nipis jika boleh) menggunakan penggelek. Balutkan di tepi mangkuk dan tutup dengan tuala sambil melancarkan setiap tortilla. Masak di atas comal atau griddle panas.

7 Atau tekan dan bakar menggunakan penekan/pembakar tortilla elektrik.

8 Biarkan suam sehingga semua doh digunakan.

## 14. Keto flaks Tortilla

Menjadikan 5
Jumlah Masa: 15 Minit

**BAHAN-BAHAN**

1 cawan Hidangan Biji Flaks Emas
2 Sudu Besar Biji Chia
2 sudu kecil Minyak Zaitun
1/2 sudu kecil Serbuk Kari
1 cawan Air Yang Ditapis
1 sudu kecil tepung kelapa

**ARAH**

a) Dalam mangkuk adunan yang besar, satukan semua bahan kering dengan teliti, kecuali tepung kelapa dan separuh minyak zaitun.

b) Gaul sebati sehingga adunan membentuk bebola padu.

c) Taburkan tepung kelapa ke atas doh dan hulurkan doh dengan penggiling.

d) Potong tortilla anda dengan alat bulat lebar.

e) Panaskan 1 sudu teh minyak zaitun dalam kuali di atas api yang sederhana tinggi. Setelah minyak panas, masukkan tortilla dan goreng sehingga keperangan yang diingini tercapai.

f) Hidang!

## 15. Tortilla sayur-sayuran dan quinoa

Hasil: 16 hidangan

**BAHAN-BAHAN:**

1 cawan Air

½ cawan Quinoa; dibilas dengan baik dan dimasak

2 kecil Bawang merah; cincang

½ cawan lobak merah parut halus

½ cawan lada merah cincang

1 Telur besar

¾ cawan oatmeal masak cepat

¾ cawan tepung pastri gandum penuh

¾ cawan tepung putih yang tidak dilunturkan

⅓ cawan keju Parmesan parut

½ sudu teh Garam

½ sudu teh oregano kering hancur

**ARAH:**

a) Satukan bawang merah, lobak merah, lada merah, dan telur. Masukkan quinoa hangat, oatmeal, tepung, keju, garam, dan oregano. Gaulkan sehingga doh menjadi sebati.

b) Bentukkan doh menjadi silinder, rehatkan.

c) Menggunakan penekan tortilla atau rolling pin, bentuk setiap bahagian menjadi bulatan nipis 6 inci. Bakar selama 30 saat di bahagian pertama.

d) Putar dan bakar selama 1 minit di bahagian kedua, kemudian putar semula ke bahagian pertama dan bakar selama 30 saat terakhir.

# PENJERAHAN TORTILLA

# 16. Tepung tortilla "mi" alfredo

Membuat 4 hidangan

**BAHAN-BAHAN**

4 Tortilla tepung yang dibeli di kedai

2 cawan (475 ml) krim pekat

1 pakej (3 auns, atau 85 g) keju krim, dicincang kasar, atau 1/3 cawan (80 g) mascarpone

6 auns (170 g) keju Parmesan parut

1 sudu kecil serbuk bawang putih

Kacau pilihan: 1 cawan (130 g) kacang pea beku yang dimasak, dibilas dan ditoskan; 4 keping bacon atau hirisan pancetta, digoreng garing dan hancur

1 gulung ketat 1 tortilla. Menggunakan pisau tajam pada papan pemotong, potong tortilla yang digulung secara bersilang menjadi jalur nipis seperti fettucine. Ulang dengan baki tepung Tortilla.

2 Dalam periuk sederhana di atas api sederhana, masak krim selama 3 minit atau hanya sehingga buih memecahkan permukaan. Perlahankan api dan reneh selama 5 minit atau sehingga krim pekat dan berkurangan kepada kira-kira 11/2 cawan (355 ml).

3 Pukul keju krim atau mascarpone, keju Parmesan dan serbuk bawang putih. Kacau dan masak selama 3 minit atau hanya sehingga keju krim cair dan sebati. Jika sos terlalu pekat, nipiskan dengan lebih sedikit krim atau susu.

4 Masukkan "mi" tortilla, kacau perlahan-lahan hingga rata dan panaskan. Masak lebih kurang 1 minit. Jika suka, kacau dalam kacang hijau. Teratas dengan daging hancur atau pancetta. Hidangkan segera.

## 17. Tepung tortilla "mi" con queso

Membuat 4 hidangan

**BAHAN-BAHAN**

4 Tortilla tepung yang dibeli di kedai

2 cawan (500 g) Queso yang dipanaskan

Susu, mengikut keperluan

Kacau pilihan: 1 cawan (225 g) Chorizo Buatan Sendiri, hancur, masak dan toskan; 1 cawan (146 g) alpukat yang dicincang kasar; 1/2 cawan (90 g) tomato cincang, bilas dan toskan

1 gulung ketat 1 tortilla. Menggunakan pisau tajam pada papan pemotong, potong tortilla yang digulung secara bersilang menjadi jalur lebar, seperti pappardelle atau mi telur. Ulang dengan baki tepung Tortilla.

2 Dalam periuk sederhana di atas api perlahan, satukan Queso yang dipanaskan dan kacau dalam "mi" tortilla, kacau perlahan-lahan untuk menyalut dan panaskan secara sekata. Jika sos terlalu pekat, nipiskan dengan susu.

3 Masak selama kira-kira 1 minit. Jika mahu, kacau dalam Chorizo Buatan Sendiri. Teratas dengan alpukat dan tomato. Hidangkan segera.

## 18. Tortilla tepung "piza"

Membuat 1 pizza (1 hingga 2 hidangan)

## BAHAN-BAHAN

Minyak sayuran, mengikut keperluan

1 tortilla tepung (6 inci [15 sm] atau 10 inci [25 sm]) (anda harus memastikan tortilla tepung menutup bahagian bawah kuali besi tuang dengan saiz yang sama)

1/4 hingga 1/3 cawan (61 hingga 81 g) sos tomato, seperti sos pizza atau Sos Chile Merah New Mexico

1 cawan (115 g) keju yang dicincang, seperti mozzarella atau Monterey Jack

1/2 cawan (35 g) sosej Itali masak, pepperoni, (35 g) Cendawan Tumis, (113 g) Chorizo Buatan Sendiri, (100 g) Isi Daging Lembu Kisar, atau topping yang diingini

1/4 cawan (10 g) basil segar yang dicincang kasar, daun ketumbar, atau (36 g) cili hijau panggang

1 Letakkan rak ketuhar sedekat mungkin dengan ayam pedaging. Panaskan daging ayam.

2 Panaskan kuali besi tuang di atas api yang tinggi sehingga hampir berasap dan masukkan minyak secukupnya untuk menyalut bahagian bawahnya. Panaskan hanya sehingga minyak berkilauan. Turunkan api kepada sederhana tinggi dan padamkan sebahagian besar minyak dengan tuala kertas yang banyak untuk mengelakkan jari anda terbakar. Jangan keluarkan kuali dari api.

3 Masukkan tortilla tepung, buih-buih kecil menghadap ke bawah. Masak selama 1 hingga 2 minit, atau sehingga bahagian bawah garing dan bertukar menjadi coklat, dan atas puff. Keluarkan kuali dari api. Nota: Tepung Tortilla kelihatan berbeza pada setiap sisi. Satu sisi mempunyai buih-buih kecil, seperti kulit bertekstur kerikil dan sebelah lagi kelihatan lebih licin dengan buih yang lebih besar yang kelihatan seperti riak di kolam. Bahagian bawah akan garing. Sebelah lagi akan mengembang seperti doh pizza biasa.

4 Menggunakan bahagian belakang sudu, sapukan lapisan nipis sos ke atas permukaan tortilla, ratakan sos sehingga ke tepi.

5 Taburkan keju di atas permukaan tortilla, sehingga ke tepi.

6 Susun sosej atau daging lain yang dikehendaki di atas keju.

7 Letakkan di bawah ayam daging selama kira-kira 3 minit atau hanya sehingga keju cair.

8 Taburkan dengan selasih segar, ketumbar, atau cili hijau panggang dan hidangkan segera.

# 19. Tortilla tepung "ladu goreng"

Membuat 4 hidangan

**BAHAN-BAHAN**

2 cawan (450 g) Isi Daging Lembu Kisar yang dimasak, toskan dengan baik atau Brisket Daging Dicincang, Babi Rebus Dicincang atau Ayam Berempah

1 cawan (115 g) keju Pepper Jack yang dicincang

12 Tortilla tepung yang dibeli di kedai (6 atau 7 inci [15 atau 18 sm]), dipanaskan untuk kelenturan

Minyak sayuran, untuk menggoreng

1 sudu teh garam laut halus, atau secukup rasa

Salsa dan sos untuk mencelup: Salsa Merah, Sos Tomatillo Panggang, Sos Tomatillo Hijau, Salsa Chipotle, Crema Avocado, Guacamole

1 Dalam mangkuk sederhana, satukan inti dan keju yang dicincang. Kacau atau uli hingga sebati supaya adunan akan menjadi bentuk seperti bebola daging.

2 Menggunakan pengisar tembikai atau sudu besar, cedok satu bulat adunan daging dan keju. Letakkan di tengah-tengah tortilla di atas papan pemotong.

3 Lipat tortilla separuh, dan kemudian lipat untuk membentuk segi tiga. Selamatkan tepi dengan pencungkil gigi. Ulangi sehingga semua Tortilla diisi, dilipat dan diikat.

4 Dalam penggoreng dalam atau kuali elektrik, panaskan sekurang-kurangnya 3 inci (7.5 cm) minyak hingga 375°F (190°C). Atau gunakan kuali dalam atau periuk besar lain dan termometer gula-gula/goreng.

5 Menggunakan sudu berlubang, luncurkan ladu ke dalam minyak panas dengan berhati-hati. Goreng 2 hingga 3 pada satu masa selama 15 hingga 20 saat, sehingga keemasan pada satu sisi. Menggunakan penyepit atau sudu berlubang, putar dan masak sehingga kekuningan di sisi lain, kira-kira 15 hingga 20 saat lebih lama.

6 Menggunakan sudu berlubang, keluarkan ladu, biarkan lebihan minyak mengalir semula ke dalam periuk. Letakkan pada tuala kertas untuk menyerap lebihan gris. Ulang sehingga semua ladu digoreng.

7 Taburkan dengan garam laut.

8 Hidangkan hangat atau pada suhu bilik dengan salsa atau sos yang diingini untuk dicelup.

## 20. Sopapillas (roti goreng manis)

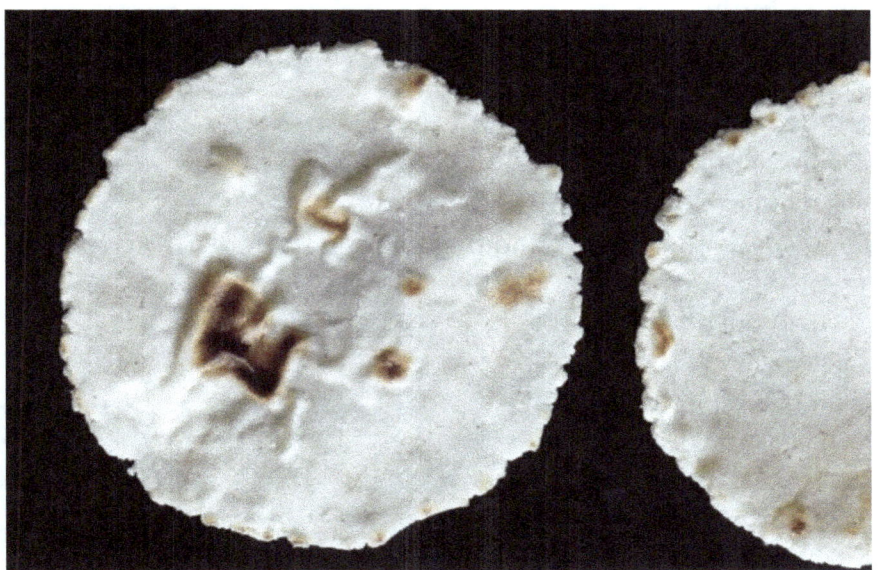

Membuat 16 sopapillas

**BAHAN-BAHAN**

21/4 cawan (281 g) tepung serba guna

2 sudu teh serbuk penaik

1 sudu besar (13 g) gula, ditambah tambahan mengikut keperluan

1/4 sudu teh garam

1/3 cawan (68 g) pemendekan

3/4 cawan (175 ml) air yang sangat suam (110°F [43°C]).

Minyak sayuran, untuk menggoreng

1 cawan (340 g) madu

1 Dalam mangkuk adunan besar, satukan tepung, serbuk penaik, gula dan garam. Gaul sebati menggunakan sudu besar. Atau dalam mangkuk kerja pemproses makanan, satukan tepung, serbuk penaik, gula dan garam dengan berdenyut sekali atau dua kali.

2 Menggunakan pemotong pastri atau garpu, satukan adunan shortening dan tepung sehingga sebati dan hancur. Atau tambahkan pemendekan ke dalam mangkuk kerja pemproses makanan, berdenyut beberapa kali sehingga adunan sebati dan hancur.

3 Masukkan air dan gaul atau proses sehingga menjadi doh. Uli kira-kira 20 kali atau sehingga licin dan elastik. Atau keluarkan

dari mangkuk kerja dan uli di atas papan yang ditaburi sedikit tepung kira-kira 20 kali atau sehingga licin dan elastik. Tutup dan ketepikan sekurang-kurangnya 30 minit untuk berehat.

4 Tuangkan minyak ke dalam penggoreng dalam atau kuali elektrik dalam hingga kedalaman sekurang-kurangnya 2 inci (5 cm). Panaskan hingga 375°F (190°C). Anda juga boleh menggunakan kuali dalam atau ketuhar belanda dan gula-gula atau termometer menggoreng di atas dapur. Isi dengan 2 inci (5 cm) minyak dan panaskan hingga 375°F (190°C).

5 Taburkan sedikit tepung di atas kaunter atau papan kayu yang besar.

6 Bahagikan doh kepada empat bahagian.

7 Canai setiap bahagian doh kepada kira-kira 8 inci (20 cm) persegi, kira-kira 1/8 inci (3 mm) tebal. Taburkan sedikit permukaan dengan tepung untuk mengelakkan melekat.

8 Menggunakan pisau, potong pastri menjadi 4 segi empat sama (4 inci, atau 10 cm) atau gunakan pemotong biskut yang lebih kurang saiznya.

9 Goreng setiap sopapilla dalam minyak panas, kira-kira 15 hingga 20 saat atau sehingga keemasan pada satu sisi. Menggunakan penyepit atau sudu berlubang, putar dan masak sehingga perang keemasan, kira-kira 15 hingga 20 saat lebih lama.

10 Menggunakan sudu berlubang, keluarkan sopapilla dan toskan pada tuala kertas.

11 Taburkan bahagian atas sopapillas hangat dengan banyak gula.

12 Hidangkan disiram dengan madu.

# 21. Tortilla tepung "krep"

Membuat 8 crepes

**BAHAN-BAHAN**

8 sudu besar mentega

8 Tortilla Tepung Asas, atau dibeli di kedai

1 cawan Sweet Mascarpone

2 cawan Crème Anglaise, Cajeta suam, Dulce de Leche, atau Sos Nanas

1 cawan beri biru/raspberi/strawberi/pisang yang telah dibilas dan dikeringkan

Krim putar (pilihan)

Pala dikisar (pilihan)

1 Panaskan ketuhar hingga 300°F (150°C, atau tanda gas 2).

2 Dalam tumis kecil atau kuali krep dengan api perlahan, cairkan 1 sudu besar (14 g) mentega. Apabila mentega berbuih, menggunakan penyepit, masukkan 1 tortilla dan pusingkan untuk menyaluti satu bahagian dengan mentega secara sekata.

3 Putar dan salut bahagian kedua dengan mentega. Tortilla harus lembut; jangan biarkan ia garing dalam mentega.

4 Letakkan tortilla pada kepingan besar kerajang.

5 Ulangi dengan baki Tortilla, susunkannya di atas satu sama lain. Apabila semuanya telah dilembutkan dalam mentega,

bungkus Tortilla dengan ketat dalam foil dan masukkan ke dalam ketuhar selama 10 minit.

6 Apabila sedia untuk dihidangkan, keluarkan Tortilla dari ketuhar. Sapukan 2 sudu besar (29 g) Mascarpone Manis di tengah-tengah tortilla. Gulung seperti enchilada atau lipat seperti taco. Teratas dengan buah yang dikehendaki. Siram dengan Crème Anglaise atau 1/4 cawan (60 ml) sos yang anda inginkan. Dollop setiap satu dengan krim putar jika mahu. Taburkan buah pala.

## 22. Tortilla tepung "empanadas"

Membuat 8 hidangan

**BAHAN-BAHAN**

8 Tortilla tepung yang dibeli di kedai, dipanaskan

2 cawan (480 g) isi: Labu, Keledek atau Epal Rum

1 telur besar, dipukul, ditambah 1 sudu besar (15 ml) air, susu atau krim

Minyak sayuran, untuk menggoreng

1 cawan (200 g) gula

1 sudu besar (7 g) kayu manis

1 Panaskan Tortilla untuk kelenturan dan kekalkan panas. Letakkan 1 tortilla di atas papan pemotong atau pinggan rata. Letakkan 1/4 cawan (60 g) isian pada bahagian tengah tortilla.

2 Sapu adunan telur di sekeliling tepi tortilla menggunakan berus pastri selebar 1/2 inci (12 mm).

3 Lipat tepi tortilla bersama-sama. Gunakan jari anda untuk tumbuk bersama, kelimkan bahagian tepinya. Atau, gunakan garpu untuk menekan tepi bersama-sama. Untuk insurans, gunakan pencungkil gigi untuk memastikan tepinya.

4 Dalam penggorengan dalam, kuali elektrik atau kuali berat di atas api sederhana tinggi, panaskan sekurang-kurangnya 2 inci (5 cm) minyak sayuran hingga 375°F (190°C).

5 Menggunakan sudu berlubang logam, luncurkan tortilla "empanada" dengan berhati-hati ke dalam minyak panas. Goreng selama 45 saat hingga 1 minit atau sehingga perang keemasan di sebelah. Balikkan dan goreng di sebelah lain selama 30 hingga 45 saat atau sehingga perang keemasan.

6 Menggunakan sudu, angkat "empanada" daripada minyak panas, biarkan lebihan minyak mengalir semula ke dalam periuk. Toskan pada tuala kertas. Ulangi dengan baki empanada sehingga semua masak.

7 Satukan gula dan kayu manis. Taburkan bahagian atas "empanada" hangat dengan gula kayu manis.

8 Hidangkan suam atau pada suhu bilik.

## 23. Kerepek tortilla tepung gula kayu manis

Membuat 4 hidangan

**BAHAN-BAHAN**

4 Tortilla Tepung Asas (6 hingga 7 inci, atau 15 atau 18 cm), atau dibeli di kedai

4 sudu besar (55 g) mentega, lembut atau cair

1 cawan (200 g) gula, ditambah 1 sudu besar (7 g) kayu manis, sebati

Mascarpone manis

1 cawan (240 g) Buah Pico, toskan

1 Panaskan ketuhar kepada 350°F (180°C, atau tanda gas 4).

2 Menggunakan spatula getah atau berus, salut rata satu sisi setiap tortilla dengan mentega hingga ke tepi. Susun Tortilla yang telah disapu mentega dalam satu lapisan di atas loyang.

3 Letakkan Tortilla di dalam ketuhar dan bakar 10 minit atau sehingga ringan dan garing.

4 Keluarkan dari ketuhar dan taburkan dengan murah hati permukaan setiap tortilla dengan campuran gula kayu manis.

5 Hidangkan setiap rangup dengan sedikit Mascarpone Manis atau keju krim.

6 Teratas dengan 1/4 cawan (60 g) Buah Pico.

# TOSTADAS

## 24. Tostadas asas

4 hidangan, 2 tostadas setiap satu

**BAHAN-BAHAN**

8 kerang tortilla tostada, disediakan menggunakan salah satu kaedah yang diterangkan di atas 1/2 cawan Kacang Refried
3/4 cawan Isi Chorizo, Kentang dan Lobak Merah
1 cawan daun salad yang dicincang
3/4 cawan tomato cincang
2 sudu besar keju kambing yang dicincang
Salsa

**ARAH**

Letakkan 2 kerang tostada pada setiap empat pinggan dan ratakan kira-kira 2 sudu besar kacang pada setiap satu. Taburkan dengan Isi Chorizo, Kentang, dan Lobak Merah dalam kuantiti yang sama, salad, tomato dan keju dan hidangkan bersama salsa.

SETIAP HIDANGAN

190 kalori | 6 g protein | 20 g karbohidrat | 6 g jumlah lemak (1 g tepu) | 5 mg kolesterol | 5 g serat | 4 g gula | 190 mg natrium

## 25. Gorditas de Papas (Kentang Gorditas)

Kira-kira 16 Gorditas

## BAHAN-BAHAN

14 auns disediakan masa untuk Tortilla, atau 1-1/2 cawan Maseca dan 1 cawan ditambah 1 sudu air
9 auns kentang russet yang dikupas (ditimbang selepas dikupas), dipotong menjadi kepingan 1-1/2 inci
2 sudu teh minyak masak, ditambah semburan masak untuk menggoreng Gorditas
1/2 sudu teh garam
Pico de Gallo, atau salsa kegemaran anda
1/2 cawan Guacamole

## ARAH

Sediakan masa. Jika anda menggunakan Maseca untuk Tortilla, masukkan 1-1/2 cawan dalam mangkuk bersaiz sederhana dan kacau dalam 1 cawan ditambah 1 sudu air dengan sudu kayu. Uli doh selama kira-kira 2 minit, atau sehingga ia agak licin, kemudian biarkan ia berehat selama 30 minit, ditutup dengan bungkus plastik, supaya ia akan terhidrat sepenuhnya. Doh sepatutnya mempunyai berat kira-kira 14 auns.

Masak kentang dan habiskan doh. Letakkan kentang dalam periuk, tutupnya dengan beberapa inci air, dan renehkan sehingga ia mudah ditikam dengan pisau pengupas. Toskan kentang dan masukkannya melalui periuk kentang atau tumbuk dengan teliti. Masukkan minyak masak dan garam. Untuk menghabiskan doh, gabungkan 14 auns masa tortilla dan campuran kentang tumbuk.

Bentuk Gorditas. Tepuk 1-1/2-auns kepingan doh ke dalam bulatan. Ia hendaklah antara 1/8- dan 1/4 inci tebal. Panaskan kuali nonstick di atas api sederhana (kira-kira 350°–375°F jika anda mempunyai termometer laser). Tambah semburan masak yang cukup untuk memfilmkan permukaan dan masak doh sehingga ia mula bertukar menjadi perang keemasan di bahagian bawah, kira-kira 4 minit. Putar gorditas dan masak lagi 4 minit di sisi lain. Hiasi mereka dengan sedikit Pico de Gallo, Guacamole atau apa sahaja yang anda suka, dan hidangkan.

# BUNGKUS TORTILLA, BURRITO DAN TACOS

## 26. Tortilla tepung

Masa memasak: 5 minit

Hidangan: 10-13

## BAHAN-BAHAN

450 g tepung serba guna

3 sudu besar pemendekan sayuran sejuk

1 sudu teh garam

2 sudu teh serbuk penaik

375 ml air

## ARAH

1. Campurkan tepung, garam, serbuk penaik, dan pemendekan sayur dalam mangkuk. Gaul rata dengan tangan anda sehingga semuanya sebati.

2. Masukkan air perlahan-lahan dan uli doh dengan tangan. Tepung harus menyerap cecair, anda harus mendapatkan doh yang licin.

3. Bentukkan doh menjadi bebola, masukkan ke dalam penekan tortilla satu persatu. Tekan untuk membentuk Tortilla.

Panaskan kuali besi tuang dengan api sederhana. Masukkan Tortilla satu demi satu dan masak selama kira-kira 30-40 saat setiap sisi.

## 27. Tortilla Tepung Badam

Masa memasak: 5 minit

Hidangan: 8

## BAHAN-BAHAN

100 g tepung badam yang dikisar

4 sudu besar tepung kelapa

1 sudu teh xanthan gum

1 sudu kecil serbuk penaik

1/2 sudu teh garam

1 biji telur, pada suhu bilik, dipukul

4 sudu besar air suam

## ARAH

1. Masukkan telur, tepung badam, tepung kelapa, gula xanthan, serbuk penaik, garam dan air ke dalam pengisar dan pukul sehingga sebati. Balut doh dalam bungkus plastik dan sejukkan sekurang-kurangnya 10 minit.

2. Alas kedua-dua belah mesin tortilla dengan kertas parchment atau beg Ziploc. Bentukkan doh menjadi bebola, masukkan ke dalam tortilla press satu persatu. Tekan untuk membentuk Tortilla.

3.Panaskan besi tuang dengan api sederhana. Masukkan Tortilla satu demi satu dan masak selama kira-kira 15-20 saat setiap sisi.

## 28. Quesadillas Kacang dan Babi

Masa memasak: 5 minit

Hidangan: 4

**BAHAN-BAHAN**

450 g tepung serba guna

3 sudu besar pemendekan sayuran sejuk

1 sudu teh garam

2 sudu teh serbuk penaik

375 ml air

1 tin (580 g) kacang panggang berperisa BBQ dan daging babi yang ditarik

225 g keju cheddar, dicincang

125 ml krim masam

2 sudu teh minyak sayuran

**ARAH**

1. Campurkan tepung, garam, serbuk penaik, dan pemendekan sayur dalam mangkuk. Gaul rata dengan tangan anda sehingga semuanya sebati.

2. Masukkan air perlahan-lahan dan uli doh dengan tangan. Tepung harus menyerap cecair, anda harus mendapatkan doh yang licin.

3. Bentukkan doh menjadi bebola, masukkan ke dalam penekan tortilla satu persatu. Tekan untuk membentuk Tortilla.

4. Panaskan kuali besi tuang dengan api sederhana. Masukkan Tortilla satu demi satu dan masak selama kira-kira 30-40 saat setiap sisi.

5. Tuang kacang ke dalam mangkuk dan tumbuk hingga rata dengan garfu.

6. Letakkan Tortilla di atas permukaan rata dan sapu tepi dengan air, kemudian masukkan kacang dan keju pada separuh bahagian setiap satu. Lipat dan tekan tepi untuk mengelak.

7. Panaskan minyak dalam kuali dengan api sederhana besar kemudian goreng satu demi satu tortilla selama kira-kira 3 minit setiap sisi. Biarkan sejuk sedikit, hidangkan bersama krim masam

## 29. Quesadillas Ayam Berkrim

Masa memasak: 15 minit

Hidangan: 6

## BAHAN-BAHAN

450 g tepung serba guna

3 sudu besar pemendekan sayuran sejuk

1 sudu teh garam

2 sudu teh serbuk penaik

375 ml air

2 tin ketul dada ayam

1 tin (300 g) krim pekat sup ayam

113 g keju cheddar, dicincang

125 ml krim masam

64 g salsa

## ARAH

1. Campurkan tepung, garam, serbuk penaik, dan pemendekan sayur dalam mangkuk. Gaul rata dengan tangan anda sehingga semuanya sebati.

2. Masukkan air perlahan-lahan dan uli doh dengan tangan. Tepung harus menyerap cecair, anda harus mendapatkan doh yang licin.

3. Bentukkan doh menjadi bebola, masukkan ke dalam penekan tortilla satu persatu. Tekan untuk membentuk Tortilla.

4. Panaskan kuali besi tuang dengan api sederhana. Masukkan Tortilla satu demi satu dan masak selama kira-kira 30-40 saat setiap sisi.

5. Panaskan ketuhar hingga 200 C. Campurkan sup ayam dan dada ayam dengan keju dalam mangkuk.

6. Simpan Tortilla pada 2 loyang kemudian sapu tepi dengan air, cedok adunan ayam pada separuh bahagian setiap tortilla. Lipat, tekan tepi untuk mengelak.

7. Bakar selama 10 minit; berkhidmat dengan krim masam dan salsa.

## 30. Tortilla Tepung Cilantro

Masa memasak: 15 minit

Hidangan: 12

**BAHAN-BAHAN**

256 g ketumbar segar, dicincang

2 cawan (255 g) tepung serba guna

32 g lemak babi, dicincang

1 sudu besar minyak sayuran

1 sudu teh garam halal

**ARAH**

1. Didihkan kira-kira 1. 2. L air dalam periuk dengan api sederhana. . Masak ketumbar dalam air selama 1 minit. Toskan daun ketumbar meninggalkan ¾ cawan air masak.

2.Blend air masak, ketumbar dan garam dalam blender hingga rata, biarkan sejuk.

3.Masukkan tepung dan lemak babi ke dalam mangkuk dan gaul hingga sebati. Masukkan minyak sayuran kemudian masukkan ½ cawan air ketumbar untuk membentuk doh. Letakkan doh di atas permukaan kerja dan uli selama 5-7 minit. Biarkan berehat lebih kurang 30 minit.

4.Bentukkan doh menjadi bebola, masukkan ke dalam penekan tortilla satu persatu. Tekan untuk membentuk Tortilla.

5.Panaskan kuali besi tuang dengan api sederhana. Masukkan Tortilla satu demi satu dan masak selama kira-kira 30-40 saat setiap sisi.

# 31. Tortilla jagung

Masa memasak: 10 minit

Hidangan: 15

## BAHAN-BAHAN

260 g masa harina untuk Tortilla

250 ml air panas

2 sudu besar air, pada suhu bilik

## ARAH

1.Campurkan masa harina dan air panas dalam mangkuk. Tutup dan biarkan berehat selama kira-kira 30 minit.

2.Uli doh, masukkan air suhu bilik. Uli sehingga mendapat doh yang licin.

3. Alas kedua-dua belah mesin tortilla dengan kertas parchment atau beg Ziploc. Bentukkan doh menjadi bebola, masukkan ke dalam tortilla press satu persatu. Tekan untuk membentuk Tortilla.

4.Panaskan besi tuang dengan api sederhana. Masukkan Tortilla satu demi satu dan masak selama kira-kira 15-20 saat setiap sisi.

## 32. Kuali Burrito Daging

Masa memasak: 20 minit

Hidangan: 6

## BAHAN-BAHAN

450 g tepung serba guna

64 g campuran Mexico

3 sudu besar keju sejuk, dicincang

memendekkan sayuran

32 g bawang hijau, dihiris

1 sudu teh garam

128 g salsa

2 sudu teh serbuk penaik

250 ml air

375 ml air

125 ml krim masam

450 g daging lembu kisar

1 pakej perasa taco

1 tin (425 g) kacang hitam, bilas, toskan

## ARAH

1. Campurkan tepung, garam, serbuk penaik, dan pemendekan sayur dalam mangkuk. Gaul rata dengan tangan anda sehingga semuanya sebati.

2. Masukkan air perlahan-lahan dan uli doh dengan tangan. Tepung harus menyerap cecair, anda harus mendapatkan doh yang licin.

3. Bentukkan doh menjadi bebola, masukkan ke dalam penekan tortilla satu persatu. Tekan untuk membentuk Tortilla.

4. Panaskan kuali besi tuang dengan api sederhana. Masukkan Tortilla satu demi satu dan masak selama kira-kira 30-40 saat setiap sisi. Biarkan sejuk sedikit dan potong.

5. Panaskan kuali dengan api sederhana besar kemudian masak daging lembu selama 9 minit, kacau selalu. Masukkan air, kekacang, salsa dan perasa taco kemudian masak selama 3 minit dengan api sederhana.

6. Kecilkan api kemudian masukkan Tortilla dan keju. Angkat dari api dan biarkan keju cair.

7. Masukkan bawang besar dan asam keping, hidangkan panas.

## 33. Kuali Enchilada Ayam

Masa memasak: 10 minit

Hidangan: 6

**BAHAN-BAHAN**

450 g tepung serba guna

32 g bawang hijau, dihiris

3 sudu besar sejuk

128 g keju campuran Mexico, dicincang

memendekkan sayuran

1 sudu teh garam

64 g salsa chunky

2 sudu teh serbuk penaik

125 ml krim masam

375 ml air

65 ml air

256 g ayam, masak, dicincang

$\frac{1}{2}$ sudu teh jintan halus

$\frac{1}{2}$ sudu teh oregano kering

## ARAH

1. Campurkan tepung, garam, serbuk penaik, dan pemendekan sayur dalam mangkuk. Gaul rata dengan tangan anda sehingga semuanya sebati.

2. Masukkan air perlahan-lahan dan uli doh dengan tangan. Tepung harus menyerap cecair, anda harus mendapatkan doh yang licin.

3. Bentukkan doh menjadi bebola, masukkan ke dalam penekan tortilla satu persatu. Tekan untuk membentuk Tortilla.

4. Panaskan kuali besi tuang dengan api sederhana. Masukkan Tortilla satu demi satu dan masak selama kira-kira 30-40 saat setiap sisi. Biarkan sejuk dan potong Tortilla.

5 Masukkan ayam ke dalam kuali yang sama, masukkan sos, salsa, air, jintan manis dan oregano. Biarkan mendidih dan masak selama kira-kira 10 minit.

6. Masukkan tortilla dan keju. Keluarkan dari api. Taburkan hidangan dengan bawang dan sajikan dengan krim masam.

## 34. Kerepek Tortilla

Masa memasak: 15 minit

Hidangan: 6 - 8

## BAHAN-BAHAN

260 g masa harina untuk Tortilla

250 ml air panas

2 sudu besar air, pada suhu bilik

Minyak kanola, untuk menggoreng

Garam, secukup rasa

## ARAH

1. Campurkan masa harina dan air panas dalam mangkuk. Tutup dan biarkan berehat selama kira-kira 30 minit.

2. Uli doh, masukkan air suhu bilik. Uli sehingga mendapat doh yang licin.

3. Alas kedua-dua belah mesin tortilla dengan kertas parchment atau beg Ziploc. Bentukkan doh menjadi bebola, masukkan ke dalam tortilla press satu persatu. Tekan untuk membentuk Tortilla.

4.Panaskan besi tuang dengan api sederhana. Masukkan Tortilla satu demi satu dan masak selama kira-kira 15-20 saat setiap sisi. Biarkan sejuk dan potong segi tiga.

5.Panaskan minyak dalam kuali hingga 350 F. Letakkan rak dawai di atas loyang.

6. Goreng Tortilla dalam minyak secara berkelompok selama 1 minit.

7.Apabila siap, pindahkan ke rak dan perasakan dengan garam semasa masih panas. Biarkan sejuk dan hidangkan.

## 35. Apple Taquitos

Masa memasak: 15 minit

Hidangan: 12

## BAHAN-BAHAN

450 g tepung serba guna

3 sudu besar pemendekan sayuran sejuk

1 sudu teh garam

2 sudu teh serbuk penaik

375 ml air

1 tin (560 g) isi pai epal, dicincang

32 g mentega, cair

1 sudu teh kayu manis

64 g gula

## ARAH

1. Campurkan tepung, garam, serbuk penaik, dan pemendekan sayur dalam mangkuk. Gaul rata dengan tangan anda sehingga semuanya sebati.

2. Masukkan air perlahan-lahan dan uli doh dengan tangan. Tepung harus menyerap cecair, anda harus mendapatkan doh yang licin.

3. Bentukkan doh menjadi bebola, masukkan ke dalam penekan tortilla satu persatu. Tekan untuk membentuk Tortilla.

4. Panaskan kuali besi tuang dengan api sederhana. Masukkan Tortilla satu demi satu dan masak selama kira-kira 30-40 saat setiap sisi.

5. Panaskan ketuhar hingga 176 C. Sapu loyang dengan mentega. Campurkan kayu manis dan gula dalam mangkuk.

6 Letakkan Tortilla di atas permukaan rata, kemudian letakkan setiap satu dengan 2 sudu besar inti pai epal dan gulung. Sapu Tortilla dengan mentega kemudian celupkan setiap satu dalam campuran kayu manis. Letakkan di atas loyang dan bakar selama 15 minit.

## 36. Pai tortilla ayam kuali

Masa memasak: 1 jam

Hidangan: 12

## BAHAN-BAHAN

520 g masa harina untuk Tortilla

500 ml air panas

4 sudu besar air, pada suhu bilik

900 g dada ayam tanpa tulang, dikuliti

400 g keju Mozzarella, dicincang

2 sudu besar perasa taco

## UNTUK SOS

375 ml air rebusan ayam

2 tin (800 g) tomato, dipotong dadu

1 bawang kuning, dicincang

4 ulas bawang putih, cincang

2 sudu besar minyak

2 sudu kecil serbuk cili

1 sudu teh oregano

2 sudu teh jintan manis

1 ½ sudu teh garam

## ARAH

1. Campurkan masa harina dan air panas dalam mangkuk. Tutup dan biarkan berehat selama kira-kira 30 minit.

2. Uli doh, masukkan air suhu bilik. Uli sehingga mendapat doh yang licin.

3. Alas kedua-dua belah mesin tortilla dengan kertas parchment atau beg Ziploc. Bentukkan doh menjadi bebola, masukkan ke dalam tortilla press satu persatu. Tekan untuk membentuk Tortilla.

4. Panaskan besi tuang dengan api sederhana. Masukkan Tortilla satu demi satu dan masak selama kira-kira 15-20 saat setiap sisi.

5. Panaskan minyak dalam kuali dengan api sederhana besar dan masak bawang selama lebih kurang 5-7 minit. Kecilkan api dan masukkan jintan manis, serbuk cili, bawang putih, oregano, dan garam, goreng selama 3 minit.

6. Masukkan tomato dan air rebusan ayam, masak semua sehingga mendidih. . Masak selama kira-kira 7 minit. Perah dengan pengisar.

7. Perasakan dada ayam dengan garam, masukkan minyak ke dalam kuali dan masak ayam dengan api sederhana hingga kedua-

dua belah bertukar perang. Masukkan sos dan rebus selama 8 minit. Keluarkan ayam dari kuali dan potong.

8. Panaskan ketuhar pada suhu 176 C. Sediakan loyang, letakkan 5 Tortilla yang dicelup dalam sos ke atas loyang.

9. Masukkan lebih kurang 1 sudu besar keju, 1 sudu besar ayam dan $\frac{3}{4}$ cawan sos. Ulangi lapisan. Buat 2 pai.

10. Tutup pai dengan foil dan bakar selama 25 minit.

## 37. Roti bakar Perancis Tortilla

Masa memasak: 5 minit

Hidangan: 4

**BAHAN-BAHAN**

1 biji telur

65 ml susu

100 g tepung badam yang dikisar

1 sudu besar mentega tanpa garam

1 sudu besar ekstrak vanila

4 sudu besar tepung kelapa

32 g gula

1 sudu teh xanthan gum

1 sudu teh kayu manis tanah

1 sudu kecil serbuk penaik

1/2 sudu teh garam

1 biji telur, pada suhu bilik, dipukul

4 sudu besar air suam

## ARAH

1. Masukkan telur, tepung badam, tepung kelapa, gula xanthan, serbuk penaik, garam dan air ke dalam pengisar dan pukul sehingga sebati. Balut doh dalam bungkus plastik dan sejukkan sekurang-kurangnya 10 minit.

2. Alas kedua-dua belah mesin tortilla dengan kertas parchment atau beg Ziploc. Bentukkan doh menjadi bebola, masukkan ke dalam tortilla press satu persatu. Tekan untuk membentuk Tortilla.

3. Panaskan besi tuang dengan api sederhana. Masukkan Tortilla satu demi satu dan masak selama kira-kira 15-20 saat setiap sisi.

4. Pukul telur, vanila dan susu dalam mangkuk. . Campurkan gula dan kayu manis dalam mangkuk yang berasingan.

5. Panaskan kuali dengan api sederhana dan sapu dengan mentega.

6. Celupkan Tortilla dalam adunan telur, goreng hingga kedua-dua belah kekuningan.

7. Gulungkan di atas gula kayu manis, lipat dan hidangkan.

# 38. Taco Daging Korea

Masa memasak: 10 minit

Hidangan: 12

**BAHAN-BAHAN**

450 g tepung serba guna

1 sudu besar segar

3 sudu besar pemendekan sayur sejuk

halia, dikisar

¼ cawan kicap

1 sudu teh garam

¼ cawan gula perang

2 sudu teh serbuk penaik

¼ cawan air panas

375 ml air

1 sudu kecil lada hitam

1 ½ paun stik daging lembu, dihiris

**UNTUK SOS:**

1 kobis ungu, dicincang

1/3 cawan krim masam

1 buah alpukat, dihiris

¼ cawan mayo

1/3 tandan ketumbar, dicincang

1 sudu teh sos Sriracha

**UNTUK PERAPIAN:**

1 sudu kecil serbuk bawang putih

4 sudu besar minyak bijan

2 sudu besar jus limau nipis

4 ulas bawang putih, dikisar

**ARAH**

1. Campurkan tepung, garam, serbuk penaik, dan pemendekan sayur dalam mangkuk. Gaul rata dengan tangan anda sehingga semuanya sebati.

2. Masukkan air perlahan-lahan dan uli doh dengan tangan. Tepung harus menyerap cecair, anda harus mendapatkan doh yang licin.

3. Bentukkan doh menjadi bebola, masukkan ke dalam penekan tortilla satu persatu. Tekan untuk membentuk Tortilla.

4.Panaskan kuali besi tuang dengan api sederhana. Masukkan Tortilla satu demi satu dan masak selama kira-kira 30-40 saat setiap sisi.

5.Campur semua bahan sos dalam mangkuk dan masukkan hirisan daging lembu. Gaul rata hingga bersalut, tutup dan sejukkan sekurang-kurangnya 4 jam.

6.Panaskan minyak dalam kuali dengan api sederhana. . Masukkan daging dan masak selama 7-8 minit sehingga daging keperangan di semua sisi.

7.Panaskan kuali berasingan di atas api sederhana dan letakkan Tortilla di atas kuali, panaskan dan terbalikkan ke bahagian lain.

8.Campur semua bahan sos dalam mangkuk.

9. Letakkan campuran daging lembu di atas setiap tortilla, masukkan kubis, alpukat dan ketumbar di atasnya, gerimis dengan sos taco dan hidangkan.

## 39. Ayam dan Poblano Chilaquiles

Masa memasak: 45 minit

Hidangan: 2

**BAHAN-BAHAN**

450 g tepung serba guna

3 sudu besar pemendekan sayuran sejuk

1 sudu teh garam

2 sudu teh serbuk penaik

375 ml air

2 ketul dada ayam, masak, cincang

2 ulas bawang putih, dikisar

1 buah alpukat, dihiris

1 tandan ketumbar

1 biji limau nipis, dijus

1 lada poblano, dicincang

1 bawang merah, dicincang

1 biji bawang merah, dihiris

½ kepala escarole, dicincang

1 tin (225 g ) sos tomato

2 sudu besar campuran rempah Mexico

56 g lukisan dinding queso

## ARAH

1. Campurkan tepung, garam, serbuk penaik, dan pemendekan sayur dalam mangkuk. Gaul rata dengan tangan anda sehingga semuanya sebati.

2. Masukkan air perlahan-lahan dan uli doh dengan tangan. Tepung harus menyerap cecair, anda harus mendapatkan doh yang licin.

3. Bentukkan doh menjadi bebola, masukkan ke dalam penekan tortilla satu persatu. Tekan untuk membentuk Tortilla.

4. Panaskan kuali besi tuang dengan api sederhana. Masukkan Tortilla satu demi satu dan masak selama kira-kira 30-40 saat setiap sisi.

5. Panaskan ketuhar hingga 200 C. Potong Tortilla menjadi jalur dan sapukan ke atas loyang. Bakar selama 15 minit.

6. Panaskan minyak dalam kuali dengan api sederhana. Masukkan bawang, lada dan bawang putih, masak selama kira-kira 2-3 minit.

7. Masukkan sos tomato, ayam, ketumbar, rempah dan lebih kurang 125 ml air. Masak selama kira-kira 10 minit.

8. Campurkan jus limau nipis, lebih kurang 2 sudu besar minyak dan bawang merah dalam mangkuk. Masukkan jalur tortilla dan bancuhan bawang merah ke dalam kuali dan kacau hingga sebati.

9. Hidangkan di atasnya dengan avokado dan ketumbar.

# 40. Taco Ketam segar

Masa memasak: 15 minit

Hidangan: 4

**BAHAN-BAHAN**

450 g tepung serba guna

2 biji tomato, dicincang

3 sudu besar pemendekan sayur sejuk

2 biji lobak, potong dadu

½ bawang merah, dicincang

1 sudu teh garam

1 lada benggala, potong dadu

2 sudu teh serbuk penaik

1 jalapeno, dicincang

375 ml air

32 g ketumbar segar, dicincang

225 g daging ketam

2 sudu teh Sriracha

3 sudu besar minyak zaitun

Garam, secukup rasa

1 sudu besar jus limau nipis

1 sudu besar pudina segar, dicincang

## ARAH

1. Campurkan tepung, garam, serbuk penaik, dan pemendekan sayur dalam mangkuk. Gaul rata dengan tangan anda sehingga semuanya sebati.

2. Masukkan air perlahan-lahan dan uli doh dengan tangan. Tepung harus menyerap cecair, anda harus mendapatkan doh yang licin.

3. Bentukkan doh menjadi bebola, masukkan ke dalam penekan tortilla satu persatu. Tekan untuk membentuk Tortilla.

4. Panaskan kuali besi tuang dengan api sederhana. Masukkan Tortilla satu demi satu dan masak selama kira-kira 30-40 saat setiap sisi.

5. Campurkan tomato, lobak, bawang merah, 2 sudu besar ketumbar dan Sriracha dalam mangkuk. Perasakan dengan garam dan kacau rata.

6. Dalam mangkuk yang berasingan campurkan jalapeño, lada benggala, minyak zaitun, jus limau nipis, pudina dan baki ketumbar. Masukkan daging ketam dan perasakan dengan garam, kacau rata.

7. Atas setiap tortilla dengan campuran daging ketam dan atas dengan salsa. Hidang.

## 41. Pic Dan krim pencuci mulut taco

Masa memasak: 15 minit

Hidangan: 6

**BAHAN-BAHAN**

450 g tepung serba guna

3 sudu besar pemendekan sayuran sejuk

1 sudu teh garam

2 sudu teh serbuk penaik

375 ml air

2 buah pic masak, dihiris

113 g krim keju

1 sudu teh ekstrak vanila

128 g gula tepung

1 ½ sudu besar krim kental

**ARAH**

1. Campurkan tepung, garam, serbuk penaik, dan pemendekan sayur dalam mangkuk. Gaul rata dengan tangan anda sehingga semuanya sebati.

2. Masukkan air perlahan-lahan dan uli doh dengan tangan. Tepung harus menyerap cecair, anda harus mendapatkan doh yang licin.

3. Bentukkan doh menjadi bebola, masukkan ke dalam penekan tortilla satu persatu. Tekan untuk membentuk Tortilla.

4. Panaskan kuali besi tuang dengan api sederhana. Masukkan Tortilla satu demi satu dan masak selama kira-kira 30-40 saat setiap sisi.

5. Pukul keju krim dalam mangkuk. Masukkan vanila dan gaul rata.

6. Masukkan gula halus dan kacau rata. Masukkan krim dan gaul lagi.

7. Sudukan adunan pada Tortilla dan atas dengan pic. Hidang.

## 42. Sarapan Burrito

Masa memasak: 15 minit

Hidangan: 4

**BAHAN-BAHAN**

450 g tepung serba guna

3 sudu besar pemendekan sayuran sejuk

1 sudu teh garam

2 sudu teh serbuk penaik

375 ml air

4 biji telur

2 biji putih telur

½ bawang merah, potong dadu

1 lada benggala, potong dadu

1 biji tomato, potong dadu

1 buah alpukat, potong dadu

1 cawan kacang hitam dalam tin, bilas, toskan

1/3 cawan keju Pepper Jack, dicincang

¼ cawan salsa

¼ sudu teh kepingan cili

Garam dan lada sulah, secukup rasa

## ARAH

1. Campurkan tepung, garam, serbuk penaik, dan pemendekan sayur dalam mangkuk. Gaul rata dengan tangan anda sehingga semuanya sebati.

2. Masukkan air perlahan-lahan dan uli doh dengan tangan. Tepung harus menyerap cecair, anda harus mendapatkan doh yang licin.

3. Bentukkan doh menjadi bebola, masukkan ke dalam penekan tortilla satu persatu. Tekan untuk membentuk Tortilla.

4. Panaskan kuali besi tuang dengan api sederhana. Masukkan Tortilla satu demi satu dan masak selama kira-kira 30-40 saat setiap sisi.

5. Panaskan kuali bukan kuali dengan api sederhana. Masukkan bawang dan lada benggala dan masak selama kira-kira 6-8 minit.

6. Masukkan kacang hitam dan cili flakes, masak selama 3 minit. Perasakan dengan garam dan lada sulah.

7. Pukul telur dan putih telur bersama dalam mangkuk. Tambah keju.

8. Masukkan telur ke dalam kuali dan kecilkan api. . Kacau sehingga telur masak, lebih kurang 3-4 minit.

9. Atas setiap tortilla dengan salsa, bancuhan kacang hitam, adunan telur hancur, tomato dan alpukat.

10. Gulungkan ke dalam burrito dan hidangkan.

**43. Enchilada Ayam Cili Hijau**

Masa memasak: 30 minit

Hidangan: 4

## BAHAN-BAHAN

260 g masa harina untuk Tortilla

250 ml air panas

2 sudu besar air, pada suhu bilik

12 oz dada ayam tanpa kulit tanpa tulang, dimasak

1/2 cawan sup keju cheddar ringan

1 1/4 cawan krim ringan sup ayam

1/4 cawan cili hijau, dihiris

9 Tortilla jagung putih

3/4 cawan keju mozzarella kurang lemak, dicincang

## ARAH

1Campur masa harina dan air panas dalam mangkuk. Tutup dan biarkan berehat selama kira-kira 30 minit.

2.Uli doh, masukkan air suhu bilik. Uli sehingga mendapat doh yang licin.

3. Alas kedua-dua belah mesin tortilla dengan kertas parchment atau beg Ziploc. Bentukkan doh menjadi bebola, masukkan ke dalam tortilla press satu persatu. Tekan untuk membentuk Tortilla.

4.Panaskan besi tuang dengan api sederhana. Masukkan Tortilla satu demi satu dan masak selama kira-kira 15-20 saat setiap sisi.

5.Panaskan ketuhar pada suhu 176°C. Sediakan loyang dan salutkan dengan semburan masak.

6. Campurkan ayam, sup, cili, garam dan lada sulah dalam mangkuk.

7. Lapiskan Tortilla, adunan ayam, dan keju dalam loyang.

8.Bakar selama 30 minit dan hidangkan.

## 44. Sup Tortilla Mexico

Masa memasak: 30 minit

Hidangan: 6

## BAHAN-BAHAN

260 g masa harina untuk Tortilla

250 ml air panas

2 sudu besar air, pada suhu bilik

2 tin (396 g setiap satu) sup ayam tanpa lemak dan kurang natrium

1 tin (396 g) tomato dipotong dadu, tidak dikeringkan

340 g dada ayam, tanpa kulit, tanpa tulang, dipotong dadu

2 sudu teh minyak zaitun

1 bawang, dicincang

1 lada benggala, dicincang

2 ulas bawang putih, dikisar

3/4 sudu teh jintan halus

3/4 sudu kecil serbuk cili

50 g ketumbar segar, dicincang

64 g keju campuran Mexico kurang lemak, dicincang

1 biji limau purut, potong kiub

Garam, lada, secukup rasa

## ARAH

1Campur masa harina dan air panas dalam mangkuk. Tutup dan biarkan berehat selama kira-kira 30 minit.

2.Uli doh, masukkan air suhu bilik. Uli sehingga mendapat doh yang licin.

3. Alas kedua-dua belah mesin tortilla dengan kertas parchment atau beg Ziploc. Bentukkan doh menjadi bebola, masukkan ke dalam tortilla press satu persatu. Tekan untuk membentuk Tortilla.

4.Panaskan besi tuang dengan api sederhana. Masukkan Tortilla satu demi satu dan masak selama kira-kira 15-20 saat setiap sisi.

5.Panaskan ketuhar hingga 200 C. Potong Tortilla menjadi jalur dan sapukan ke atas loyang. Bakar selama 15 minit.

6.Panaskan minyak dalam periuk dengan api sederhana. Masukkan ayam dan masak lebih kurang 3-4 minit. Pindahkan ke pinggan.

7. Masukkan bawang besar, lada benggala dan bawang putih ke dalam periuk dan masak selama 5 minit. . Masukkan serbuk cili, jintan manis, garam, lada sulah, tomato dan sup, kacau rata.

8. Didihkan semuanya. Kecilkan api dan masak selama kira-kira 5 minit.

9. Masukkan ayam dan masak selama 3 minit. Hidangkan dengan tortilla, keju dan limau nipis.

## 45. Ceviche de Camarón

Masa memasak: 15 minit

Hidangan: 6

## BAHAN-BAHAN

450 g tepung serba guna

64 g bawang merah, dicincang

3 sudu besar pemendekan sayuran sejuk

1 biji cili serrano, dikisar

64 g ketumbar, dicincang

1 sudu teh garam

1 buah alpukat, dikupas,

2 sudu teh serbuk penaik

375 ml air

130 g tomato, potong dadu

450 g udang sederhana, dikupas dan dikeringkan

2 sudu besar minyak zaitun dara tambahan

125 ml jus limau nipis

Garam, secukup rasa

125 ml jus lemon

## ARAH

1. Campurkan tepung, garam, serbuk penaik, dan pemendekan sayur dalam mangkuk. Gaul rata dengan tangan anda sehingga semuanya sebati.

2. Masukkan air perlahan-lahan dan uli doh dengan tangan. Tepung harus menyerap cecair, anda harus mendapatkan doh yang licin.

3. Bentukkan doh menjadi bebola, masukkan ke dalam penekan tortilla satu persatu. Tekan untuk membentuk Tortilla.

4. Panaskan kuali besi tuang dengan api sederhana. Masukkan Tortilla satu demi satu dan masak selama kira-kira 30-40 saat setiap sisi.

5. Masukkan lebih kurang 2 l air ke dalam periuk dan biarkan mendidih. Perasakan dengan garam dan masukkan udang, masak lebih kurang 3 minit. Toskan dan keringkan.

6. Cincang udang dan gaul dengan jus limau nipis, jus lemon, cili dan bawang merah. Tutup dan sejukkan selama kira-kira 1 jam.

7. Campurkan avokado, tomato, ketumbar dan minyak dalam mangkuk. Perasakan dengan garam.

8. Atas setiap tortilla dengan campuran alpukat dan campuran udang. Hidang.

# 46. Huevos Rancheros

Masa memasak: 25 minit

Hidangan: 4

## BAHAN-BAHAN

450 g tepung serba guna

1 lada jalapeno, dicincang

3 sudu besar pemendekan sayuran sejuk

140 g chorizo , selongsong dikeluarkan, dipotong dadu

1 sudu teh garam

Minyak, untuk memasak

2 sudu teh serbuk penaik

1 tin (450 g) kacang goreng

375 ml air

4 biji telur

1 tin (425 g) tomato utuh yang dikupas, dikupas dan dipotong dadu

1 buah alpukat, diadu,

32 g ketumbar, dicincang

85 g queso fresco, hancur

32 g bawang kuning, dipotong dadu

1/2 sudu teh garam

1 ulas bawang putih, kupas dan hancurkan

**ARAH**

1. Campurkan tepung, garam, serbuk penaik, dan pemendekan sayur dalam mangkuk. Gaul rata dengan tangan anda sehingga semuanya sebati.

2. Masukkan air perlahan-lahan dan uli doh dengan tangan. Tepung harus menyerap cecair, anda harus mendapatkan doh yang licin.

3. Bentukkan doh menjadi bebola, masukkan ke dalam penekan tortilla satu persatu. Tekan untuk membentuk Tortilla.

4. Panaskan kuali besi tuang dengan api sederhana. Masukkan Tortilla satu demi satu dan masak selama kira-kira 30-40 saat setiap sisi.

5 Masukkan tomato, bawang besar, ketumbar, bawang putih, jalapeno, dan garam dan gaul sehingga rata. Tuangkan ke dalam kuali dan letakkan di atas api sederhana. Masak selama kira-kira 10 minit.

6 Masak chorizo dalam kuali berasingan sehingga perang. Masukkan kacang dan masak selama 1-2 minit.

7. Sapukan adunan ke atas Tortilla. Pecahkan telur ke dalam kuali dan masak sehingga masak. Tambah di atas Tortilla.

8. Hidangkan dengan sos, alpukat, keju dan ketumbar.

## 47. Migas

Masa memasak: 25 minit

Hidangan: 4

**BAHAN-BAHAN**

450 g tepung serba guna

3 sudu besar pemendekan sayuran sejuk

1 sudu teh garam

2 sudu teh serbuk penaik

375 ml air

4 biji telur, dipukul

Minyak

Garam, lada, secukup rasa

**ARAH**

1. Campurkan tepung, garam, serbuk penaik, dan pemendekan sayur dalam mangkuk. Gaul rata dengan tangan anda sehingga semuanya sebati.

2. Masukkan air perlahan-lahan dan uli doh dengan tangan. Tepung harus menyerap cecair, anda harus mendapatkan doh yang licin.

3.Bentukkan doh menjadi bebola, masukkan ke dalam penekan tortilla satu persatu. Tekan untuk membentuk Tortilla.

4.Panaskan kuali besi tuang dengan api sederhana. Masukkan Tortilla satu demi satu dan masak selama kira-kira 30-40 saat setiap sisi.

5.Panaskan ketuhar hingga 200 C. Potong Tortilla menjadi jalur dan sapukan ke atas loyang. Bakar selama 15 minit.

6.Panaskan minyak dalam kuali dengan api sederhana. Tambah jalur tortilla dan kacau selama 1-2 minit.

7.Masukkan telur, garam dan lada sulah dan masak sehingga telur masak, kacau selalu. Hidang.

## 48. Nachos pencuci mulut

Masa memasak: 10 minit

Hidangan: 8

## BAHAN-BAHAN

450 g tepung serba guna

1 sudu besar kayu manis

3 sudu besar pemendekan sayuran sejuk

250 ml sos karamel

170 g coklat cip

1 sudu teh garam

170 g coklat putih, parut

2 sudu teh serbuk penaik

125 ml krim berat

375 ml air

128 g pecan, dicincang

32 g gula

## ARAH

1. Campurkan tepung, garam, serbuk penaik, dan pemendekan sayur dalam mangkuk. Gaul rata dengan tangan anda sehingga semuanya sebati.

2. Masukkan air perlahan-lahan dan uli doh dengan tangan. Tepung harus menyerap cecair, anda harus mendapatkan doh yang licin.

3. Bentukkan doh menjadi bebola, masukkan ke dalam penekan tortilla satu persatu. Tekan untuk membentuk Tortilla.

4. Panaskan kuali besi tuang dengan api sederhana. Masukkan Tortilla satu demi satu dan masak selama kira-kira 30-40 saat setiap sisi. Potong setiap tortilla menjadi kepingan.

5. Gaulkan kayu manis dan gula dalam mangkuk. Celupkan setiap tortilla dalam adunan dan salutkan dari semua sisi.

6. Letakkan Tortilla dalam kuali aluminium pakai buang. Masukkan cip coklat dan sos karamel dan taburkan dengan pecan dan coklat.

7. Masukkan ke dalam kuali dan letak di atas panggangan, panaskan hingga sederhana. Masak lebih kurang 3-4 minit. Hidang.

# 49. Salad Ayam Taco Dengan jalur tortilla

Masa memasak: 20 minit

Hidangan: 8

## BAHAN-BAHAN

450 g tepung serba guna

2 biji lada benggala, dihiris

3 sudu besar pemendekan sayuran sejuk

1/2 biji bawang merah, hiris

Daun selada hijau

1 sudu teh garam

## UNTUK BERPAKAIAN:

2 sudu teh serbuk penaik

1 buah avokado

375 ml air

82 ml minyak zaitun

675 g dada ayam, dihiris

82 ml cuka sari apel

1 sudu besar minyak zaitun

65 ml air

1 paket perasa taco

2 sudu besar ketumbar segar

82 ml air

Garam, lada, secukup rasa

128 g jagung manis

## ARAH

1. Campurkan tepung, garam, serbuk penaik, dan pemendekan sayur dalam mangkuk. Gaul rata dengan tangan anda sehingga semuanya sebati.

2. Masukkan air perlahan-lahan dan uli doh dengan tangan. Tepung harus menyerap cecair, anda harus mendapatkan doh yang licin.

3. Bentukkan doh menjadi bebola, masukkan ke dalam penekan tortilla satu persatu. Tekan untuk membentuk Tortilla.

8. Panaskan kuali besi tuang dengan api sederhana. Masukkan Tortilla satu demi satu dan masak selama kira-kira 30-40 saat setiap sisi.

4. Panaskan ketuhar hingga 200 C. Potong Tortilla menjadi jalur dan sapukan ke atas loyang. Bakar selama 15 minit.

5. Masukkan semua bahan pembalut ke dalam pengisar dan pukul sehingga rata.

6. Campurkan semua bahan salad dalam mangkuk, atas dengan jalur tortilla dan sos, hidangkan.

## 50. Bungkus Hummus hitam

Masa memasak: 15 minit

Hidangan: 4

## BAHAN-BAHAN

450 g tepung serba guna

1 lada benggala, dicincang

3 sudu besar pemendekan sayur sejuk

113 g cendawan, dihiris

128 g bayam segar

1 sudu teh garam

1 sudu besar minyak zaitun

2 sudu teh serbuk penaik

64 g jagung, bilas dan toskan

375 ml air

½ tin kacang hitam, bilas dan toskan

130 g hummus

½ alpukat, dicincang

1 poblano panggang

1 bawang, lada cincang, cincang

**ARAH**

1. Campurkan tepung, garam, serbuk penaik, dan pemendekan sayur dalam mangkuk. Gaul rata dengan tangan anda sehingga semuanya sebati.

2. Masukkan air perlahan-lahan dan uli doh dengan tangan. Tepung harus menyerap cecair, anda harus mendapatkan doh yang licin.

3. Bentukkan doh menjadi bebola, masukkan ke dalam penekan tortilla satu persatu. Tekan untuk membentuk Tortilla.

4. Panaskan kuali besi tuang dengan api sederhana. Masukkan Tortilla satu demi satu dan masak selama kira-kira 30-40 saat setiap sisi.

5. Panaskan ketuhar pada suhu 220 darjah C. Sediakan loyang dan alaskan dengan kertas minyak.

6. Panaskan minyak dalam kuali dengan api sederhana. Masukkan bawang dan masak selama kira-kira 2-3 minit.

7. Masukkan cendawan dan jagung dan masak lebih kurang 2 minit lagi.

8. Sapukan hummus di atas setiap tortilla. Teratas dengan campuran sayur-sayuran, alpukat, bayam, kacang dan lada poblano.

9. Gulungkan ke dalam bungkus dan letakkan di atas loyang. Bakar selama 8-10 minit.

## 51. Taco Vegan

Masa memasak: 15 minit

Hidangan: 6

**BAHAN-BAHAN**

260 g masa harina untuk Tortilla

250 ml air panas

2 sudu besar air, pada suhu bilik

**ARAH**

1.Campurkan masa harina dan air panas dalam mangkuk. Tutup dan biarkan berehat selama kira-kira 30 minit.

2.Uli doh, masukkan air suhu bilik. Uli sehingga mendapat doh yang licin.

3. Alas kedua-dua belah mesin tortilla dengan kertas parchment atau beg Ziploc. Bentukkan doh menjadi bebola, masukkan ke dalam tortilla press satu persatu. Tekan untuk membentuk Tortilla.

4.Panaskan besi tuang dengan api sederhana. Masukkan Tortilla satu demi satu dan masak selama kira-kira 15-20 saat setiap sisi.

5.Panaskan minyak dalam kuali dengan api sederhana. Masukkan bawang dan jalapeno dan masak selama kira-kira 5 minit.

6. Masukkan kacang bersama cecair ke dalam periuk dan masak selama kira-kira 2-3 minit dengan api sederhana, kacau selalu.

7. Sapukan kacang di atas setiap tortilla, masukkan chorizo dan masukkan bawang bancuhan jalapeno di atas. Hidangkan atasnya dengan ketumbar.

## 52. Sweet Potato Avocado dan taco kacang hitam

Masa memasak: 25 minit

Hidangan: 6

## BAHAN-BAHAN

260 g masa harina untuk Tortilla

250 ml air panas

2 sudu besar air

790 g keledek, digosok dan dipotong menjadi kepingan

1 sudu besar minyak zaitun

1 sudu kecil serbuk cili

1 tin (400 g) kacang hitam tanpa garam, bilas dan toskan

125 ml salsa verde

1 buah avocado, dihiris nipis

32 g keju Feta, hancur

Ketumbar cincang, untuk hidangan

## ARAH

1. Campurkan masa harina dan air panas dalam mangkuk. Tutup dan biarkan berehat selama kira-kira 30 minit.

2. Uli doh, masukkan air suhu bilik. Uli sehingga mendapat doh yang licin.

3. Alas kedua-dua belah mesin tortilla dengan kertas parchment atau beg Ziploc. Bentukkan doh menjadi bebola, masukkan ke dalam tortilla press satu persatu. Tekan untuk membentuk Tortilla.

4. Panaskan besi tuang dengan api sederhana. Masukkan Tortilla satu demi satu dan masak selama kira-kira 15-20 saat setiap sisi.

5. Panaskan ketuhar pada suhu 220 C.

6. Toskan keledek bersama minyak zaitun, serbuk cili dan garam. . Letakkan kentang di atas loyang dan panggang selama 30 minit.

7. Campurkan kacang hitam dengan salsa verde dalam kuali sos. Masak dengan api sederhana selama 3-4 minit, kacau selalu.

8. Hidangkan kentang, kacang dengan avokado di atas Tortillas, di atasnya dengan Feta dan ketumbar.

## 53. Burrito Bacon, Telur Dan cendawan

Masa memasak: 25 minit

Hidangan: 6

**BAHAN-BAHAN**

450 g tepung serba guna

12 biji telur, dipukul

3 sudu besar pemendekan sayur sejuk

6 keping bacon, masak

1 sudu besar minyak

1 sudu teh garam

113 g cendawan butang, dihiris

2 sudu teh serbuk penaik

113 g arugula

375 ml air

Garam, lada, secukup rasa

## ARAH

1. Campurkan tepung, garam, serbuk penaik, dan pemendekan sayur dalam mangkuk. Gaul rata dengan tangan anda sehingga semuanya sebati.

2. Masukkan air perlahan-lahan dan uli doh dengan tangan. Tepung harus menyerap cecair, anda harus mendapatkan doh yang licin.

3. Bentukkan doh menjadi bebola, masukkan ke dalam penekan tortilla satu persatu. Tekan untuk membentuk Tortilla.

4. Panaskan kuali besi tuang dengan api sederhana. Masukkan Tortilla satu demi satu dan masak selama kira-kira 30-40 saat setiap sisi.

5. Panaskan minyak dalam kuali dengan api sederhana. Masukkan cendawan dan masak selama kira-kira 2 minit. Masukkan arugula dan masak selama kira-kira 1 minit lagi.

6. Tuangkan telur ke dalam kuali, perasakan dengan garam dan lada sulah. Masak sehingga set, kacau selalu.

7. Bahagikan adunan telur antara Tortilla, atasnya dengan bacon. Lipat ke dalam burrito dan hidangkan.

## 54. Bacon dan Telur Quesadillas

Masa memasak: 25 minit

Hidangan: 4

**BAHAN-BAHAN**

450 g tepung serba guna

3 sudu besar pemendekan sayuran sejuk

1 sudu teh garam

2 sudu teh serbuk penaik

375 ml air

8 biji telur, dipukul

4 keping bacon, dimasak, dicincang

128 g keju Cheddar, dicincang

32 g bawang hijau, dicincang

Garam, lada, secukup rasa

**ARAH**

1. Campurkan tepung, garam, serbuk penaik, dan pemendekan sayur dalam mangkuk. Gaul rata dengan tangan anda sehingga semuanya sebati.

2. Masukkan air perlahan-lahan dan uli doh dengan tangan. Tepung harus menyerap cecair, anda harus mendapatkan doh yang licin.

3. Bentukkan doh menjadi bebola, masukkan ke dalam penekan tortilla satu persatu. Tekan untuk membentuk Tortilla.

4. Panaskan kuali besi tuang dengan api sederhana. Masukkan Tortilla satu demi satu dan masak selama kira-kira 30-40 saat setiap sisi.

5. Atas setiap tortilla dengan campuran keju, bawang dan bacon. Panaskan kuali non stick dengan api sederhana.

6. Masukkan adunan telur ke dalam kuali dan masak sehingga set, kacau selalu. Sudukan adunan telur pada setiap tortilla, lipat.

7. Bakar Quesadillas pada kuali dan hidangkan.

## 55. Tortilla Gandum Seluruh

Masa memasak: 15 minit

Hidangan: 12

**BAHAN-BAHAN**

256 g tepung roti gandum

64 g tepung serba guna

1 sudu kecil serbuk penaik

1 sudu teh garam

64 g memendekkan

65 ml air mendidih

**ARAH**

1. Campurkan tepung, garam dan serbuk penaik dalam mangkuk. Masukkan shortening, gaul rata dengan tangan anda sehingga semuanya sebati.

2. Masukkan air perlahan-lahan dan uli doh dengan tangan. Tepung harus menyerap cecair, anda harus mendapatkan doh yang licin.

3. Bentukkan doh menjadi bebola, masukkan ke dalam penekan tortilla satu persatu. Tekan untuk membentuk Tortilla.

4.Panaskan kuali besi tuang dengan api sederhana. Masukkan Tortilla satu demi satu dan masak selama kira-kira 30-40 saat setiap sisi.

# 56. Tuna, Epal Dan bungkus alpukat

Masa memasak: 20 minit

Hidangan: 6

**BAHAN-BAHAN**

256 g tepung roti gandum

1 epal, dicincang

64 g tepung serba guna

2 sudu teh jus lemon

1 sudu kecil serbuk penaik

2 sudu besar segar

1 sudu teh garam

pasli, dicincang

64 g memendekkan

2 sudu teh minyak zaitun

65 ml air mendidih

$\frac{1}{2}$ sudu teh jintan manis

280 g tuna, bilas dan toskan

1 buah avocado, dihiris nipis

250 g arugula yang dibungkus longgar

## ARAH

1. Campurkan tepung, garam dan serbuk penaik dalam mangkuk. Masukkan shortening, gaul rata dengan tangan anda sehingga semuanya sebati.

2. Masukkan air perlahan-lahan dan uli doh dengan tangan. Tepung harus menyerap cecair, anda harus mendapatkan doh yang licin.

3. Bentukkan doh menjadi bebola, masukkan ke dalam penekan tortilla satu persatu. Tekan untuk membentuk Tortilla.

4. Panaskan kuali besi tuang dengan api sederhana. Masukkan Tortilla satu demi satu dan masak selama kira-kira 30-40 saat setiap sisi.

5. Siram epal dengan jus lemon dan balut dengan bungkus plastik, sejukkan sekurang-kurangnya 20 minit.

6. Campurkan epal, tuna, pasli, minyak dan jintan manis. Perasakan dengan garam dan lada sulah.

7. Masukkan arugula dan gaul sebati. Letakkan hirisan alpukat di atas Tortilla, tambah salad arugula dan tuna di atasnya. Balut rapat dan hidangkan.

## 57. Balut ayam belanda

Masa memasak: 20 minit

Hidangan: 4

**BAHAN-BAHAN**

225 g tepung serba guna

64 g daun kucai dan bawang besar

1 1/2 sudu besar pemendekan sayuran sejuk

krim keju, dicincang

1/2 sudu teh serbuk bawang putih

1/2 sudu teh garam

200 g Monterey Jack

1 sudu kecil serbuk penaik

190 ml air

192 g lada merah manis, dihiris

280 g deli ayam belanda, dihiris nipis

64 g bawang hijau, dicincang

200 g bayam segar

4 sudu besar salad dressing ladang

## ARAH

1. Campurkan tepung, garam dan serbuk penaik dalam mangkuk. Masukkan shortening, gaul rata dengan tangan anda sehingga semuanya sebati.

2. Masukkan air perlahan-lahan dan uli doh dengan tangan. Tepung harus menyerap cecair, anda harus mendapatkan doh yang licin.

3. Bentukkan doh menjadi bebola, masukkan ke dalam penekan tortilla satu persatu. Tekan untuk membentuk Tortilla.

4. Panaskan kuali besi tuang dengan api sederhana. Masukkan Tortilla satu demi satu dan masak selama kira-kira 30-40 saat setiap sisi.

5. Sapukan krim keju ke atas setiap tortilla. Taburkan serbuk bawang putih.

6. Masukkan bayam di atas, ayam belanda, keju, lada merah dan bawang besar. . Masukkan baki bayam.

7. Gerimis dengan dressing dan gulungkan Tortilla dengan ketat dalam gulung. Balut gulung dalam bungkus plastik dan sejukkan sehingga dihidangkan.

## 58. Bungkus Tortilla Keju Ham

Masa memasak: 15 minit

Hidangan: 4

## BAHAN-BAHAN

225 g tepung serba guna

4 sudu besar krim masam

1 1/2 sudu besar sejuk

4 sudu besar buah zaitun cincang

memendekkan sayuran

2 sudu besar cili hijau, toskan, cincang

1/2 sudu teh garam

1 sudu kecil serbuk penaik

2 sudu besar bawang hijau, dicincang

190 ml air

256 g ham masak, dicincang

Garam, secukup rasa

225 g krim keju, dilembutkan

## ARAH

1. Campurkan tepung, garam dan serbuk penaik dalam mangkuk. Masukkan shortening, gaul rata dengan tangan anda sehingga semuanya sebati.

2. Masukkan air perlahan-lahan dan uli doh dengan tangan. Tepung harus menyerap cecair, anda harus mendapatkan doh yang licin.

3. Bentukkan doh menjadi bebola, masukkan ke dalam penekan tortilla satu persatu. Tekan untuk membentuk Tortilla.

4. Panaskan kuali besi tuang dengan api sederhana. Masukkan Tortilla satu demi satu dan masak selama kira-kira 30-40 saat setiap sisi.

5. Campurkan krim keju, krim masam dan keju cheddar dalam mangkuk, pukul sebati.

6. Masukkan ham, buah zaitun, cili hijau, bawang besar, serbuk bawang putih dan garam.

7. Sapukan adunan di atas setiap tortilla dan gulung menjadi lilitan. . Sejukkan selama 1-2 jam.

8. Hiris balutan kepada kepingan bersaiz gigitan dan hidangkan.

## 59. Avokado, Kacang hitam dan bungkus feta

Masa memasak: 30 minit

Hidangan: 8

**BAHAN-BAHAN**

450 g tepung serba guna

3 sudu besar pemendekan sayuran sejuk

1 sudu teh garam

2 sudu teh serbuk penaik

375 ml air

128 g quinoa

500 ml cawan air + 65 ml

1 buah alpukat, dikupas, diadu, dipotong dadu

1 tin kacang hitam, toskan dan bilas

4 sudu besar keju Feta, hancur

4 sudu besar keju Monterey jack, dicincang

42 g tahini

$\frac{1}{4}$ sudu teh jintan manis

1 sudu teh ketumbar cincang

2 sudu besar jus lemon

Garam, secukup rasa

## ARAH

1. Campurkan tepung, garam dan serbuk penaik dalam mangkuk. Masukkan shortening, gaul rata dengan tangan anda sehingga semuanya sebati.

2. Masukkan air perlahan-lahan dan uli doh dengan tangan. Tepung harus menyerap cecair, anda harus mendapatkan doh yang licin.

3. Bentukkan doh menjadi bebola, masukkan ke dalam penekan tortilla satu persatu. Tekan untuk membentuk Tortilla.

4. Panaskan kuali besi tuang dengan api sederhana. Masukkan Tortilla satu demi satu dan masak selama kira-kira 30-40 saat setiap sisi.

5. Masukkan alpukat, tahini, jintan manis, ketumbar, garam dan jus lemon ke dalam pengisar atau pemproses makanan dan nadi sehingga halus.

6. Masukkan 65 ml air dan gaul sekali lagi.

7. Masukkan 500 ml air dan quinoa ke dalam periuk sos dan biarkan mendidih. Kecilkan api, tutup kuali dan masak quinoa selama 10-15 minit.

8. Sapukan celup alpukat ke setiap tortilla, atas dengan kacang dan quinoa, taburkan garam, tambah keju Feta dan Monterey jack dan bungkusnya. Ulang untuk semua Tortilla dan hidangkan.

# 60. Pek Taco Hobo

Masa memasak: 30 minit

Hidangan: 6

**BAHAN-BAHAN**

260 g masa harina untuk Tortilla

2 sudu besar minyak zaitun

250 ml air panas

1 biji bawang merah kecil, hiris nipis

2 sudu besar air

1 1/2 sudu teh garam

1/2 sudu kecil lada hitam dikisar

1 zucchini, dibelah dua & dihiris

6 sudu besar tomatillo salsa

6 biji telur

2 biji lada benggala, dibuang biji, dihiris nipis

1 tin (400 ml) kacang hitam, toskan, bilas

128 g jagung beku yang dicairkan

**ARAH:**

1. Campurkan masa harina dan air panas dalam mangkuk. Tutup dan biarkan berehat selama kira-kira 30 minit.

2. Uli doh, masukkan air suhu bilik. Uli sehingga mendapat doh yang licin.

3. Alas kedua-dua belah mesin tortilla dengan kertas parchment atau beg Ziploc. Bentukkan doh menjadi bebola, masukkan ke dalam tortilla press satu persatu. Tekan untuk membentuk Tortilla.

4. Panaskan besi tuang dengan api sederhana. Masukkan Tortilla satu demi satu dan masak selama kira-kira 15-20 saat setiap sisi.

5. Potong 12 keping foil, letakkan 2 keping di atas satu sama lain supaya anda mempunyai 6 tindanan. Potong kepingan kertas parchment dengan saiz yang sama dan letakkan di atas setiap timbunan foil.

6. Satukan kacang, jagung, zucchini, bawang, minyak, garam lada dalam mangkuk dan bahagikan adunan sama rata di antara susunan. Lampirkan setiap pek dan lipat untuk mengelak.

7. Panaskan ketuhar hingga 220 C, letak tindanan pada loyang dan selama kira-kira 15 minit.

8. Balut Tortilla dalam foil dan bakar selama 8 minit. Setelah masak, keluarkan tindanan dari ketuhar, letakkan di atas permukaan rata dan buka sedikit.

9. Pecahkan telur ke dalam setiap tindanan (bukan Tortilla) dan masukkan lada sulah dan garam. Lipat lagi dan masak dalam ketuhar selama 5 minit.

10. Setelah masak, keluarkan dari ketuhar dan hidangkan setiap timbunan panas dengan 2 Tortilla suam.

# 61. Flauta daging lembu yang dicincang

Masa memasak: 45 minit

Hidangan: 6

**BAHAN-BAHAN:**

450 g tepung serba guna

5 sudu besar minyak sayuran

3 sudu besar pemendekan sayur sejuk

120 ml sos tomato

2 bawang, dicincang, dibahagikan

1 sudu teh garam

3 ulas bawang putih, dikisar, bahagikan kepada tiga bahagian

2 sudu teh serbuk penaik

375 ml air

1 sudu teh garam, dibahagikan

0.9 kg bongkah daging lembu tanpa tulang, dipotong dadu

1 cili jalapeno segar, dibuang biji, dicincang

364 g salad aisberg, dicincang

2 sudu besar minyak zaitun

$\frac{3}{4}$ sudu teh jintan halus

**ARAH:**

1. Campurkan tepung, garam, serbuk penaik, dan pemendekan sayur dalam mangkuk. Gaul rata dengan tangan anda sehingga semuanya sebati.

2. Masukkan air perlahan-lahan dan uli doh dengan tangan. Tepung harus menyerap cecair, anda harus mendapatkan doh yang licin.

3. Bentukkan doh menjadi bebola, masukkan ke dalam penekan tortilla satu persatu. Tekan untuk membentuk Tortilla.

4. Panaskan besi tuang dengan api sederhana. Masukkan Tortilla satu demi satu dan masak selama kira-kira 30-40 saat setiap sisi.

5. Masukkan daging lembu, 1 bahagian bawang merah dan bawang putih, garam ke dalam periuk, tuangkan air dan biarkan mendidih. Biarkan periuk tertutup sedikit dan masak sehingga daging empuk.

6. Setelah masak, biarkan sejuk sedikit, kemudian toskan simpan 1/3 cawan kuahnya. Potong daging menggunakan garpu.

7. Panaskan minyak zaitun dalam kuali dengan api sederhana sederhana. Masukkan baki bawang putih, bawang besar, dan masak selama 3 minit.

8. Masukkan daging lembu, sos tomato, sup yang dikhaskan, jintan manis, lada sulah, garam, cili dan rebus adunan selama 5 minit

kacau tidak kerap. Setelah masak, angkat dari api dan biarkan sejuk.

9. Ambil Tortilla satu persatu dan masukkan 2 sudu besar inti bulat ke tengah, gulung hingga menutup, kencangkan hujungnya dengan batang kayu dan tutup Tortilla dengan bungkus plastik.

10.Panaskan minyak sayuran dengan api sederhana besar dalam kuali. Goreng Tortilla secara berkelompok selama 2 minit, diputar dengan kerap. Letakkannya dalam tuala kertas apabila digoreng.

11. Bahagikan salad antara 6 pinggan dan hidangkan 2 Tortilla pada setiap satu.

# 62. Steak Fajitas Dengan kubis dan daun bawang

Masa memasak: 30 minit

Hidangan: 8

**BAHAN-BAHAN:**

450 g tepung serba guna

1 sudu kecil serbuk bawang

3 sudu besar pemendekan sayuran sejuk

1 sudu teh garam

1/2 kepala kubis hijau sederhana, dicincang

1 sudu teh garam

2 sudu teh serbuk penaik

3 sudu besar jus limau nipis segar

375 ml air

6 sudu besar minyak zaitun, dibahagikan

Stik skirt 0.9 kg, dipotong

1 tandan daun bawang, dipotong menjadi 4 bahagian

1 bawang putih besar, dicincang, dibelah dua

60 ml minyak zaitun

60 ml jus limau nipis segar

1/4 biji bawang merah kecil, dihiris halus

2 sudu besar cilantro segar yang dicincang

1 sudu besar ketumbar cincang

4 ulas bawang putih, dikupas

lada tanah segar dan garam, secukup rasa

3 sudu besar paprika Sepanyol salai

1 sudu besar jintan halus

**ARAH**:

1. Campurkan tepung, garam, serbuk penaik, dan pemendekan sayur dalam mangkuk. Gaul rata dengan tangan anda sehingga semuanya sebati.

2. Masukkan air perlahan-lahan dan uli doh dengan tangan. Tepung harus menyerap cecair, anda harus mendapatkan doh yang licin.

3. Bentukkan doh menjadi bebola, masukkan ke dalam penekan tortilla satu persatu. Tekan untuk membentuk Tortilla.

4. Panaskan besi tuang dengan api sederhana. Masukkan Tortilla satu demi satu dan masak selama kira-kira 30-40 saat setiap sisi.

5. Satukan jus limau nipis, bawang putih, minyak, ketumbar, paprika, garam, serbuk bawang merah dan jintan manis dalam pengisar. Setelah sebati, masukkan ke dalam beg plastik yang boleh ditutup semula.

6. Masukkan stik ke dalam beg perapan, tutup dan masukkan ke dalam peti sejuk sekurang-kurangnya 4 jam (sedapnya lebih enak jika disejukkan semalaman).

7. Panaskan 4 sudu besar minyak dalam kuali panggang dengan api yang sederhana tinggi.

8. Masukkan 1/2 kobis cincang, daun bawang, 1/2 bawang putih, lada sulah, garam, dan masak selama kira-kira 12 minit, kacau sekali-sekala. . Setelah masak, angkat dari api untuk menyejukkan sedikit apabila sudah masak.

9. Satukan baki kobis, daun bawang, putih, bawang merah dalam mangkuk besar, kemudian masukkan ketumbar, jus limau nipis, 2 sudu besar minyak, lada sulah dan garam.

10 Keluarkan stik dari bahan perapan, goncangkan lebihan perapan, perasakan dengan lada sulah dan garam. Buang perapan. Bakar stik selama kira-kira 3 minit pada setiap sisi.

11. Setelah masak, pindahkan ke papan pemotong dan biarkan sejuk lebih kurang 7 minit sebelum dihiris.

12. Hidangkan stik dengan Tortilla hangat dan salsa cili kering.

## 63. Tostadas Ayam Chipotle Berempah

Masa memasak: 2 jam 30 minit

Hidangan: 8

**BAHAN-BAHAN:**

260 g masa harina untuk Tortilla

250 ml air panas

2 sudu besar air, pada suhu bilik

0.9 kg paha ayam berkulit, masuk tulang

1 tin (830 ml) tomato keseluruhan, toskan

3 biji cili chipotle tin dalam sos adobo

2 sudu besar sos adobo

1 bawang putih sederhana, dipotong dadu

4 ulas bawang putih, ditumbuk

secubit bunga cengkih yang dikisar

1/4 sudu teh kayu manis tanah

1/2 sudu kecil lada hitam dikisar

1/4 sudu teh garam

Iceberg salad, dicincang

bawang putih, dihiris nipis

krim masam

fresco queso

384 g taburan kacang hitam

minyak sayuran

garam

**ARAH:**

1. Campurkan masa harina dan air panas dalam mangkuk. Tutup dan biarkan berehat selama kira-kira 30 minit.

2. Uli doh, masukkan air suhu bilik. Uli sehingga mendapat doh yang licin.

3. Alas kedua-dua belah mesin tortilla dengan kertas parchment atau beg Ziploc. Bentukkan doh menjadi bebola, masukkan ke dalam tortilla press satu persatu. Tekan untuk membentuk Tortilla.

4. Panaskan besi tuang dengan api sederhana. Masukkan Tortilla satu demi satu dan masak selama kira-kira 15-20 saat setiap sisi.

5. Dapatkan periuk besar berisi 8 cawan air dan letakkan di atas api sederhana-perlahan.

6. Masukkan ayam, garam dan rebus selama 45 minit. Setelah masak, toskan, potong ayam menjadi kepingan kecil dan buang tulang.

7. Satukan tomato, sos adobo, kayu manis, bunga cengkih, lada sulah dan cili dalam pengisar dan kisar sehingga habis.

8. Panaskan sedikit minyak dalam kuali dengan api sederhana besar.

9. Masukkan bawang besar dan masak selama 8 minit, kacau tidak kerap.

10. Masukkan bawang putih dan masak selama 3 minit.

11. Masukkan bancuhan tomato, kecilkan api dan rebus selama 30 minit bertutup sedikit.

12. Masukkan ayam, masak kacau jarang selama lebih kurang 10 minit dan akhir sekali masukkan garam secukup rasa.

13. Tuang 1 inci minyak dalam kuali. Goreng Tortilla secara berkelompok selama 2 minit, pusing setiap 30 saat.

14. Setelah masak, letakkan Tortilla pada tuala kertas untuk mengeringkan minyak.

15. Kerjakan setiap tortilla dengan meletakkan di atas permukaan rata, kemudian sapukan dengan 1 sudu besar taburan kacang hitam. . Di tengah, letakkan 1/4 cawan topping ayam berempah,

salad, bawang, krim masam dan fresco queso. . Gulung dan tutup hujungnya dan sedia untuk dihidangkan.

## 64. Bungkus Pesto Ayam

Masa memasak: 5 minit

Hidangan: 4

**BAHAN-BAHAN:**

450 g tepung serba guna

3 sudu besar pemendekan sayuran sejuk

1 sudu teh garam

2 sudu teh serbuk penaik

375 ml air

256 g ayam masak, potong dadu

4 sudu besar pesto

1 lobak merah, dihiris nipis

256 g bayam bayi segar

1 lada benggala merah, dihiris

**ARAH:**

1. Campurkan tepung, garam, serbuk penaik, dan pemendekan sayur dalam mangkuk. Gaul rata dengan tangan anda sehingga semuanya sebati.

2. Masukkan air perlahan-lahan dan uli doh dengan tangan. Tepung harus menyerap cecair, anda harus mendapatkan doh yang licin.

3. Bentukkan doh menjadi bebola, masukkan ke dalam penekan tortilla satu persatu. Tekan untuk membentuk Tortilla.

4. Panaskan besi tuang dengan api sederhana. Masukkan Tortilla satu demi satu dan masak selama kira-kira 30-40 saat setiap sisi.

5. Satukan ayam dengan pesto dalam mangkuk kecil.

6. Letakkan Tortilla di atas permukaan rata. Masukkan 1/4 bayam, 1/4 lada, 1/4 lobak merah dan 1/4 ayam ke tengah setiap tortilla. Gulung dan hidangkan.

## 65. Batang Drum Ayam Tortilla

Masa memasak: 1 jam

Hidangan: 4

**BAHAN-BAHAN:**

260 g masa harina untuk Tortilla

1 biji telur besar

250 ml air panas

1 sudu teh jintan kisar

2 sudu besar air, pada suhu bilik

4 sudu kecil serbuk cili, dibahagikan

10 batang paha ayam

**ARAH:**

1.Campurkan masa harina dan air panas dalam mangkuk. Tutup dan biarkan berehat selama kira-kira 30 minit.

2.Uli doh, masukkan air suhu bilik. Uli sehingga mendapat doh yang licin.

3. Alas kedua-dua belah mesin tortilla dengan kertas parchment atau beg Ziploc. Bentukkan doh menjadi bebola, masukkan ke

dalam tortilla press satu persatu. Tekan untuk membentuk Tortilla.

1. Panaskan besi tuang dengan api sederhana. Masukkan Tortilla satu demi satu dan masak selama kira-kira 15-20 saat setiap sisi.

2. Panaskan ketuhar pada suhu 180 C dan sapukan Tortilla di atas loyang. Bakar selama 15 minit. Hancurkan Tortilla yang dibakar.

3. Satukan 2 sudu besar serbuk cili, 1/4 sudu teh garam, jintan manis dan Tortilla yang telah dihancurkan dalam mangkuk.

4. Kemudian masukkan telur, 2 sudu kecil cili dan gaul rata.

5. Taburkan ayam dengan 1/2 sudu teh garam dan celupkan ke dalam adunan telur. . Goncang lebihan dan celupkan ke dalam serbuk tortilla yang telah dicampur untuk disalut dan melekat. Pindahkan ke loyang.

6. Panaskan ketuhar hingga 220 C dan griskan loyang empat segi. . Bakar selama 45 minit tanpa berpusing. Setelah masak, biarkan sejuk selama 5 minit dan hidangkan.

# 66. Bungkus Daging Lembu

Masa memasak: 20 minit

Hidangan: 6

**BAHAN-BAHAN:**

450 g tepung serba guna

128 g keju Mexico, dicincang

3 sudu besar pemendekan sayur sejuk

256 g salad, dicincang

1 sudu teh garam

1 biji tomato, potong dadu

2 sudu teh 32 g cilantro cincang

serbuk penaik

1 biji limau nipis, dijus

375 ml air

120 ml krim masam

0.5 kg daging lembu kisar

60 ml air

64 g queso fresco

1 paket perasa taco

## ARAH:

1. Campurkan tepung, garam, serbuk penaik, dan pemendekan sayur dalam mangkuk. Gaul rata dengan tangan anda sehingga semuanya sebati.

2. Masukkan air perlahan-lahan dan uli doh dengan tangan. Tepung harus menyerap cecair, anda harus mendapatkan doh yang licin.

3. Bentukkan doh menjadi bebola, masukkan ke dalam penekan tortilla satu persatu. Tekan untuk membentuk Tortilla.

4. Panaskan besi tuang dengan api sederhana. Masukkan Tortilla satu demi satu dan masak selama kira-kira 30-40 saat setiap sisi.

5. Panaskan kuali dengan api sederhana besar selama 3 minit. Masukkan daging lembu dan masak selama 9 minit, kacau selalu. Masukkan air, perasa taco dan rebus selama 11 minit.

6. Letakkan Tortilla di atas permukaan rata, tambahkan 2 sudu besar queso, 125 g daging lembu, 1 tostada, sapukan krim masam ke atas tostada, masukkan tomato, ketumbar, salad, sedikit limau dan keju di tengah setiap tortilla. Gulungkannya dan tutup hujungnya.

7. Goleskan kuali dengan minyak dan letakkan dengan api sederhana. Masukkan satu tortilla yang telah digulung dalam kuali dan masak sehingga ia bertukar menjadi perang keemasan. Lakukan perkara yang sama dengan Tortilla yang lain, hidangkan.

## 67. Tortilla Ayam Bakar

Masa memasak: 25 minit

Hidangan: 6

**BAHAN-BAHAN:**

450 g tepung serba guna

192 g keju cheddar, dicincang

3 sudu besar pemendekan sayuran sejuk

85 g tomato cincang

1 sudu teh garam

240 ml salsa botol, dibahagikan

2 sudu teh serbuk penaik

240 ml krim masam

375 ml air

65 g bawang cincang

390 g dada ayam masak, dicincang

85 g lada hijau dicincang

semburan masakan

## ARAH:

1. Campurkan tepung, garam, serbuk penaik, dan pemendekan sayur dalam mangkuk. Gaul rata dengan tangan anda sehingga semuanya sebati.

2. Masukkan air perlahan-lahan dan uli doh dengan tangan. Tepung harus menyerap cecair, anda harus mendapatkan doh yang licin.

3. Bentukkan doh menjadi bebola, masukkan ke dalam penekan tortilla satu persatu. Tekan untuk membentuk Tortilla.

4. Panaskan besi tuang dengan api sederhana. Masukkan Tortilla satu demi satu dan masak selama kira-kira 30-40 saat setiap sisi.

5. Satukan krim masam, 120 ml salsa dalam mangkuk dan sapukan rata pada setiap tortilla.

6. Masukkan ayam, tomato, lada bawang ke tengah setiap tortilla, kemudian gulung dan tutupkan hujungnya.

7. Panaskan ketuhar hingga 176 C. Salutkan loyang dengan semburan masak, kemudian masukkan Tortilla. Teratas dengan baki salsa dan bakar selama 15 minit. Teratas dengan keju dan bakar selama 5 minit lagi dan hidangkan.

## 68. Piza Pepperoni Tortilla

Masa memasak: 15 minit

Hidangan: 12

**BAHAN-BAHAN:**

450 g tepung serba guna

384 g tomato, dicincang

3 sudu besar pemendekan sayur sejuk

384 g keju mozzarella, dicincang

1 sudu teh garam

128 g pepperoni, dicincang

2 sudu teh serbuk penaik

1/2 sudu teh daun oregano kering ditumbuk

375 ml air

120 ml sos Pace Picante

1 lada hijau, dicincang

ARAH:

1. Campurkan tepung, garam, serbuk penaik, dan pemendekan sayur dalam mangkuk. Gaul rata dengan tangan anda sehingga semuanya sebati.

2. Masukkan air perlahan-lahan dan uli doh dengan tangan. Tepung harus menyerap cecair, anda harus mendapatkan doh yang licin.

3. Bentukkan doh menjadi bebola, masukkan ke dalam penekan tortilla satu persatu. Tekan untuk membentuk Tortilla.

4. Panaskan besi tuang dengan api sederhana. Masukkan Tortilla satu demi satu dan masak selama kira-kira 30-40 saat setiap sisi.

5. Satukan sos picante, oregano dan tomato dalam mangkuk kecil.

6. Letakkan Tortilla pada dua loyang, sapukan 1/4 campuran sos picante, keju, pepperoni dan lada pada setiap tortilla.

7. Panaskan ketuhar hingga 200 C dan bakar selama 9 minit, kemudian potong setiap tortilla kepada 4 bahagian. Hidangkan panas.

## 69. Quesadillas Dengan salsa

Masa memasak: 10 minit

Hidangan: 6

**BAHAN-BAHAN:**

450 g tepung serba guna

3 sudu besar pemendekan sayuran sejuk

1 sudu teh garam

2 sudu teh serbuk penaik

375 ml air

384 g keju Monterey Jack, dicincang

180 ml salsa ketul

2 biji bawang hijau, dihiris

2 sudu besar minyak kanola

**ARAH:**

1. Campurkan tepung, garam, serbuk penaik, dan pemendekan sayur dalam mangkuk. Gaul rata dengan tangan anda sehingga semuanya sebati.

2. Masukkan air perlahan-lahan dan uli doh dengan tangan. Tepung harus menyerap cecair, anda harus mendapatkan doh yang licin.

3. Bentukkan doh menjadi bebola, masukkan ke dalam penekan tortilla satu persatu. Tekan untuk membentuk Tortilla.

4. Panaskan besi tuang dengan api sederhana. Masukkan Tortilla satu demi satu dan masak selama kira-kira 30-40 saat setiap sisi.

5. Letakkan Tortilla di atas permukaan rata dan sapu bahagian tepinya dengan air.

6. Letakkan 65 g keju, 1 sudu besar salsa dan 2 sudu teh bawang pada separuh daripada setiap tortilla, kemudian lipat dan tekan untuk menutup.

7. Panaskan minyak dalam kuali pada medium makan. . Goreng Quesadillas dalam kelompok sehingga perang keemasan, kemudian hidangkan dengan salsa.

# 70. Kacang Dan quesadillas keju

Masa memasak: 10 minit

Hidangan: 6

**BAHAN-BAHAN:**

450 g tepung serba guna

473 g kacang, disejukkan

3 sudu besar pemendekan sayur sejuk

120 ml sos Pace Picante

256 g keju Monterey Jack, dicincang

1 sudu teh garam

2 sudu teh serbuk penaik

2 biji bawang hijau, dihiris

375 ml air

**ARAH:**

1. Campurkan tepung, garam, serbuk penaik, dan pemendekan sayur dalam mangkuk. Gaul rata dengan tangan anda sehingga semuanya sebati.

2. Masukkan air perlahan-lahan dan uli doh dengan tangan. Tepung harus menyerap cecair, anda harus mendapatkan doh yang licin.

3. Bentukkan doh menjadi bebola, masukkan ke dalam penekan tortilla satu persatu. Tekan untuk membentuk Tortilla.

4. Panaskan besi tuang dengan api sederhana. Masukkan Tortilla satu demi satu dan masak selama kira-kira 30-40 saat setiap sisi.

5. Satukan kacang dan sos dalam mangkuk.

6. Letakkan 6 Tortilla pada dua loyang dan sapu tepi dengan air.

7. Letakkan 86 g campuran kacang, bawang dan keju di atas separuh daripada setiap tortilla, tutup dengan sisa Tortilla dan tekan untuk mengelak.

8. Panaskan ketuhar hingga 200 C dan bakar selama 9 minit. Potong setiap quesadilla kepada 4 kepingan. Hidangkan panas.

# 71. Kaserol Tortilla Ayam

Masa memasak: 52 minit

Hidangan: 8

**BAHAN-BAHAN:**

450 g tepung serba guna

3 sudu besar pemendekan sayuran sejuk

1 sudu teh garam

2 sudu teh serbuk penaik

375 ml air

0.9 kg dada ayam, direbus dan dicincang

1 tin jagung, toskan

1 tin kacang hitam, toskan

512 g keju cheddar, dicincang

1 bawang, dicincang

1 tin tomato potong dadu

240 ml air rebusan ayam

830 ml sos tomato

1 sudu besar minyak zaitun

1 sudu kecil serbuk bawang putih

2 sudu kecil serbuk cili

1 sudu kecil jintan manis

1/2 sudu teh garam

**ARAH:**

1. Campurkan tepung, garam, serbuk penaik, dan pemendekan sayur dalam mangkuk. Gaul rata dengan tangan anda sehingga semuanya sebati.

2. Masukkan air perlahan-lahan dan uli doh dengan tangan. Tepung harus menyerap cecair, anda harus mendapatkan doh yang licin.

3. Bentukkan doh menjadi bebola, masukkan ke dalam penekan tortilla satu persatu. Tekan untuk membentuk Tortilla.

4. Panaskan besi tuang dengan api sederhana. Masukkan Tortilla satu demi satu dan masak selama kira-kira 30-40 saat setiap sisi.

5. Panaskan minyak zaitun dalam kuali dan dengan api sederhana tinggi. Masukkan bawang besar dan kacau hingga lembut.

6. Masukkan habbatus sauda, sos tomato, serbuk cili, tomato dadu Rotel, serbuk bawang putih, jintan manis, air rebusan ayam, garam dan masak selama 10 minit.

7. Ganskan loyang. Sapukan sedikit sos di bahagian bawah loyang dan alaskan 6 Tortilla di atasnya.

8. Letakkan lapisan ayam, sos dan keju pada Tortilla dan masukkan 6 lagi Tortilla. Masukkan lapisan ayam, sos dan keju lagi.

9. Masukkan baki Tortilla, kemudian lapiskan dengan keju.

10. Panaskan ketuhar hingga 190 C. Balut dengan foil, dan bakar selama 31 minit. Kemudian keluarkan dari foil. Bakar selama 10 minit lagi sehingga keju cair dan mendidih. Keluarkan dari ketuhar kemudian hidangkan selepas 10 minit.

## 72. Sarapan Sosej Tortilla

Masa memasak: 13 minit

Hidangan: 10

**BAHAN-BAHAN:**

450 g tepung serba guna

6 biji telur

3 sudu besar pemendekan sayur sejuk

450 g sosej daging babi

128 g keju colby-jack, dicincang

1 sudu teh garam

2 sudu teh serbuk penaik

semburan masak sayur

375 ml air

2 sudu besar air

**ARAH:**

1. Campurkan tepung, garam, serbuk penaik, dan pemendekan sayur dalam mangkuk. Gaul rata dengan tangan anda sehingga semuanya sebati.

2. Masukkan air perlahan-lahan dan uli doh dengan tangan. Tepung harus menyerap cecair, anda harus mendapatkan doh yang licin.

3. Bentukkan doh menjadi bebola, masukkan ke dalam penekan tortilla satu persatu. Tekan untuk membentuk Tortilla.

4. Panaskan besi tuang dengan api sederhana. Masukkan Tortilla satu demi satu dan masak selama kira-kira 30-40 saat setiap sisi.

5. Panaskan ketuhar hingga 120 C, dan panaskan Tortilla selama 9 minit, dibalut longgar dengan kerajang.

6. Masak daging babi dalam kuali dengan api sederhana besar selama 9 minit sambil dikacau sekali sekala. Keluarkan dari kuali.

7. Satukan telur bersama 2 sudu besar air, kemudian sapukan semburan masak pada kuali.

8. Bersihkan kuali, letak atas api sederhana. Masak telur di atas kuali selama 3 minit tanpa berpusing, kemudian masak selama 2 minit tambahan sambil dipusing sekali-sekala.

9. Masukkan telur, sosej dan keju ke dalam Tortilla, kemudian gulung. Hidangkan dengan krim masam jika dikehendaki.

## 73. Kentang Manis, cendawan dan burrito kacang hitam

Masa memasak: 22 minit

Hidangan: 4

**BAHAN-BAHAN:**

450 g tepung serba guna

3 sudu besar pemendekan sayuran sejuk

1 sudu teh garam

2 sudu teh serbuk penaik

375 ml air

512 g kacang hitam, bilas, toskan

256 g cendawan butang, dihiris

192 g nasi putih masak cepat

1 keledek sederhana, parut

160 ml salsa Mexico, dibahagikan

1 buah alpukat, potong dadu

192 g keju Monterey Jack, parut

140 g bayam bayi

1 biji limau nipis, dibelah dua

80 ml krim masam

2 sudu besar minyak sayuran, dibahagikan

1/2 biji bawang merah sederhana, hiris nipis

4 sudu besar cilantro cincang, dibahagikan

1 sudu teh jintan halus, dibahagikan

1/2 sudu teh lada cayenne, dibahagikan

1 sudu teh garam, dibahagikan

## ARAH:

1. Campurkan tepung, garam, serbuk penaik, dan pemendekan sayur dalam mangkuk. Gaul rata dengan tangan anda sehingga semuanya sebati.

2. Masukkan air perlahan-lahan dan uli doh dengan tangan. Tepung harus menyerap cecair, anda harus mendapatkan doh yang licin.

3. Bentukkan doh menjadi bebola, masukkan ke dalam penekan tortilla satu persatu. Tekan untuk membentuk Tortilla.

4. Panaskan besi tuang dengan api sederhana. Masukkan Tortilla satu demi satu dan masak selama kira-kira 30-40 saat setiap sisi.

5. Rebus beras mengikut arahan dalam peket, kemudian kacau dalam 2 sudu besar ketumbar dan 80 ml salsa.

6. Panaskan 1 sudu besar minyak dalam kuali/kuali dengan api sederhana besar. Kemudian masak kentang, pusing sekali-sekala, selama 3 minit.

7 Satukan 1/4 sudu besar cayenne, 1/2 sudu besar garam dan 1/2 sudu besar jintan manis dalam mangkuk.

8. Panaskan baki minyak sayuran dalam kuali yang berasingan, masukkan cendawan dan masak selama 3 minit.

9. Masukkan baki cayenne, garam dan jintan manis.

10. Masukkan bawang besar dan masak lebih kurang 3 minit.

11. Masukkan bayam dan kacang dan masak selama 1 minit.

12. Alihkan ke dalam mangkuk ubi, perahkan separuh daripada limau nipis, kemudian kacau.

13. Letakkan Tortilla di atas pinggan kemudian tutup dengan tuala lembap. . Ketuhar gelombang mikro selama 1 minit.

14. Masukkan krim masam, baki ketumbar dan salsa dalam mangkuk kecil, dan gaul.

15. Keluarkan Tortilla dan letakkan di atas dulang. Masukkan 3 sudu besar keju, 256 g bancuhan kentang, 256 g beras, alpukat dan sos krim masam di tengah setiap tortilla.

16. Gulungkan Tortilla untuk menutup inti dengan betul. Hidangkan separuh limau nipis bersama-sama dengan memotong saiz/baji yang lebih kecil.

## 74. Telur Kacau Dengan chorizo dan Tortilla

Masa memasak: 15 minit

Hidangan: 4

BAHAN-BAHAN:

260 g masa harina untuk Tortilla

250 ml air panas

2 sudu besar air, pada suhu bilik

1.5 kg kerepek tortilla jagung hancur

12 biji telur, dipukul perlahan

225 g sosej segar

2 sudu besar minyak zaitun

1 bawang sederhana, dicincang

ARAH:

1.Campurkan masa harina dan air panas dalam mangkuk. Tutup dan biarkan berehat selama kira-kira 30 minit.

2.Uli doh, masukkan air suhu bilik. Uli sehingga mendapat doh yang licin.

3. Alas kedua-dua belah mesin tortilla dengan kertas parchment atau beg Ziploc. Bentukkan doh menjadi bebola, masukkan ke

dalam tortilla press satu persatu. Tekan untuk membentuk Tortilla.

4.Panaskan besi tuang dengan api sederhana. Masukkan Tortilla satu demi satu dan masak selama kira-kira 15-20 saat setiap sisi.

5.Satukan telur dan kerepek tortilla.

6.Panaskan minyak dalam kuali dengan api sederhana. Masukkan bawang besar dan kacau hingga lembut. Masukkan sosej dan masak selama 3 minit.

7. Masukkan campuran tortilla dan masak dengan api sederhana besar selama 3 minit, kacau selalu. Kemudian hidangkan.

## 75. Tofu-Tahini Veggie Wraps

**Membuat 4 lilitan**

**BAHAN-BAHAN:**

8 auns tauhu lebih pejal, toskan dan ditepuk kering

3 biji bawang hijau, dikisar

2 rusuk saderi, dikisar

1/2 cawan pasli segar cincang

2 sudu besar caper

2 sudu besar jus lemon segar

1 sudu besar mustard Dijon

1/2 sudu teh garam

1/8 sudu teh cayenne kisar

4 (10 inci) tepung tortilla atau lavash

1 lobak merah sederhana, dicincang

4 helai daun salad

## ARAH

a) Dalam pemproses makanan, satukan tauhu, tahini, bawang hijau, saderi, pasli, caper, jus lemon, mustard, garam dan cayenne dan proses sehingga sebati.

b) Untuk memasang balut, letakkan 1 tortilla di atas permukaan kerja dan ratakan kira-kira 1/2 cawan campuran tauhu di seluruh tortilla. Taburkan lobak merah yang dicincang dan di atasnya dengan daun salad. Gulung rapat dan potong separuh menyerong. Ulang dengan bahan-bahan yang tinggal dan hidangkan.

# 76. Hummus Pitas yang telah dibongkar

**Membuat 4 pita**

**BAHAN-BAHAN:**

1 ulas bawang putih, ditumbuk

¾ cawan tahini (pes bijan)

2 sudu besar jus lemon segar

1 sudu teh garam

1/8 sudu teh cayenne kisar

1/4 cawan air

11/2 cawan yang dimasak atau 1 (15.5-auns) tin kacang ayam, dibilas dan ditoskan

2 lobak merah sederhana, parut (kira-kira 1 cawan)

4 (7 inci) roti pita, sebaik-baiknya gandum penuh, dibelah dua

2 cawan bayi bayam segar

## ARAH

a) Dalam pengisar atau pemproses makanan, kisar bawang putih. Masukkan tahini, jus lemon, garam, cayenne, dan air. Proses sehingga halus.

b) Masukkan kacang ayam ke dalam mangkuk dan hancurkan sedikit dengan garpu. Masukkan lobak merah dan sos tahini yang telah dikhaskan dan gaul hingga sebati. Mengetepikan.

c) Sudukan 2 atau 3 sudu besar campuran kacang ayam ke dalam setiap separuh pita. Masukkan hirisan tomato dan beberapa helai daun bayam ke dalam setiap poket dan hidangkan.

## 77. Bungkus Vegan Mediterranean

## BAHAN-BAHAN

1 timun sederhana

½ sudu teh (tambah beberapa secubit) garam

1 tomato sederhana dipotong dadu

¼ bawang merah dipotong dadu

¼ lada hijau dipotong dadu

4 sudu besar buah zaitun Kalamata yang dicincang

1 balang (540 gram / 19 oz.) kacang ayam

200 gram (7 oz.) yogurt vegan

2 sudu besar dill segar yang dicincang

1 ulas bawang putih dikisar

1 sudu besar jus lemon

2 cawan (112 gram) daun salad yang dicincang

4 tortilla besar

## ARAH

a) Satukan timun yang dipotong dadu, tomato, bawang merah, lada hijau, dan buah zaitun hitam. Toskan dan bilas kacang ayam dan masukkan ke dalam mangkuk. Hancurkan mereka dengan tangan anda atau dengan garpu.

b) Dalam mangkuk satukan timun parut, yogurt vegan, dill, bawang putih, jus lemon dan secubit garam dan lada sulah. Tambah 3 sudu besar tzatziki bersama $\frac{1}{2}$ sudu teh garam dan lada sulah. Gaul sebati.

c) Buat balut dengan segenggam daun salad, kacang ayam yang telah ditumbuk, sayur-sayuran campur dadu dan beberapa biji tzatziki.

# 78. Vegan Shawarma

**BAHAN-BAHAN**

1/3 cawan (55g) Kacang Ayam Tin

2 Sudu Besar Yis Pemakanan

rempah ratus

1 Sudu Besar Kicap

1/4 cawan (65g) Pes Tomato

1/3 cawan (80ml) Stok Sayur

1 sudu teh Mustard Dijon

1/8 sudu teh Asap Cecair

1 cawan (150g) Gluten Gandum Penting

Perap

6 Balut

Selada yang dicincang

## ARAH

a) Masukkan kacang ayam, yis pemakanan, rempah ratus, kicap, pes tomato, paprika, stok sayuran, mustard Dijon dan asap cair ke dalam pemproses makanan dan proses sehingga sebati.

b) Tambah gluten gandum yang penting. Ratakan di atas permukaan kerja dan tepuk-tepuk sehingga membentuk stik besar. Stim

c) Campurkan perapan dan tuangkan ke atas jalur seitan. Goreng seitan dalam perapan,

d) Sapukan sedikit hummus pedas ke roti pita atau bungkus. Masukkan daun salad yang dicincang dan hirisan timun dan tomato ke dalam bungkus, di atasnya dengan beberapa jalur seitan dan diakhiri dengan secebis tzatziki vegan.

## 79. Roti vegan yang rangup

Hasil: 24 Hidangan

## BAHAN-BAHAN

5 lobak merah, masak

garam

1 tangkai saderi; dicincang halus dan masak

Minyak kacang atau sayuran

minyak bijan

3 Bawang besar; dicincang halus

2 bawang hijau; dihiris nipis

3 lada loceng merah; dicincang halus

20 cendawan Shiitake; dicincang halus

1 tandan daun Cilantro; dicincang

1 pek pembalut spring roll; (11oz.)

1 sudu besar Tepung jagung

## ARAH

a) Masukkan 2 sudu teh minyak kacang tanah dan 2 sudu teh minyak bijan dalam kuali besar yang dipanaskan. masukkan bawang besar yang dihiris, hirisan daun bawang dan lada benggala. Masukkan cendawan dan masak 2 hingga 3 minit.

b) Masukkan lobak merah, saderi dan ketumbar dan kacau. Perasakan dengan garam dan lada sulah secukup rasa

c) Kedudukan 1 pembalut. Sapu telur yang telah dipukul di sudut atas. Susun ⅓ cawan adunan isi dalam baris 2 inci dari sudut bawah. Balut sudut di atas adunan dan tarik semula untuk mengetatkan.

d) Lipat pada dua sisi dan gulung ke hujung pembalut. Goreng

# 80. Kari Tauhu Pitas

**Membuat 4 sandwic**

## BAHAN-BAHAN

- 1 paun tauhu lebih pejal, toskan dan ditepuk kering
- 1/2 cawan mayonis vegan, buatan sendiri
- 1/4 cawan chutney mangga dicincang
- 2 sudu teh mustard Dijon
- 1 sudu besar serbuk kari panas atau lembut
- 1 sudu teh garam
- 1/8 sudu teh cayenne kisar
- 1 cawan lobak merah yang dicincang
- 2 rusuk saderi, dikisar
- 1/4 cawan bawang merah kisar
- 8 kecil Boston atau daun salad lembut lain
- 4 (7 inci) pita gandum penuh, dibelah dua

## ARAH

a) Hancurkan tauhu dan letakkan dalam mangkuk besar. Masukkan mayonis, chutney, mustard, serbuk kari, garam, dan cayenne, dan kacau hingga sebati.

b) Masukkan lobak merah, saderi, dan bawang besar dan kacau hingga sebati. Sejukkan selama 30 minit untuk membenarkan rasa sebati.

c) Masukkan sehelai daun salad di dalam setiap poket pita, sendukkan sedikit adunan tauhu di atas salad dan hidangkan.

## 81. Bungkus Sayuran Hummus

Hidangan 1 bungkus

## BAHAN-BAHAN

1 bungkus berperisa atau tortilla

1/3 cawan hummus

2 keping timun, dihiris memanjang

Segenggam daun bayam segar

Hiris tomato

1/4 buah avocado, dihiris

Pucuk alfalfa atau brokoli segar

Mikrohijau segar

Daun selasih, jika mahu

## ARAH

a) Sebarkan hummus pada bahagian bawah 1/3 bungkus, kira-kira 1/2 inci dari tepi bawah tetapi bentangkan tepi tepi.

b) Lapiskan timun, daun bayam, hirisan tomato, hirisan alpukat, muncung, mikrohijau dan selasih.

c) Lipat bungkus dengan ketat, seperti yang anda lakukan dengan burrito, masukkan semua sayuran dengan gulungan pertama kemudian gulung dengan kuat ke hujungnya. Potong separuh dan nikmati.

## 82. Rainbow Veggie Wraps

Hidangan: 4

## BAHAN-BAHAN

4 (8 inci) tortilla multigrain atau bungkus

1 cawan hummus zaitun yang disediakan

2 auns keju Cheddar yang dihiris nipis

1 ⅓ cawan bayi bayam

1 cawan hirisan lada benggala merah

1 cawan pucuk brokoli

1 cawan kobis merah yang dicincang nipis

1 cawan lobak merah julienned

Dewi hijau berpakaian untuk dihidangkan

## ARAH

a) Sapukan setiap tortilla dengan 1/4 cawan hummus. Teratas setiap satu dengan satu perempat daripada Cheddar, bayam, lada benggala, taugeh, kubis dan lobak merah. Gulung setiap bungkus.

b) Potong balut menjadi bulatan 1 inci. Hidangkan bersama sos untuk dicelup, jika mahu.

# ISI DAN SOS

## 83. Isi epal rum

Membuat 2 cawan (480 g)

**BAHAN-BAHAN**

4 cawan (600 g) epal yang dicincang kasar, dikupas dan dibuang inti

3 sudu besar (45 ml) air

2 sudu besar (28 g) mentega

1 sudu teh kayu manis

1/3 cawan (67 g) gula

1/3 cawan (50 g) kismis gelap

1 sudu besar (8 g), ditambah 1 sudu teh tepung jagung

2 sudu besar (28 ml) rum atau jus oren

1 Dalam periuk sederhana di atas api sederhana, satukan epal, air, mentega, kayu manis, dan gula.

2 Kacau dan masak untuk melarutkan gula. Apabila gula larut dan adunan berbuih, kecilkan api. Kacau dalam kismis.

3 Tutup dan reneh, kacau sekali-sekala, selama 5 minit, atau sehingga epal lembut.

4 Dalam hidangan kecil, satukan tepung jagung dan rum atau jus oren. Kacau ke dalam epal, dan masak selama kira-kira 1 minit atau sehingga epal gelembung dan pekat. Ketepikan api dan

sejukkan sepenuhnya sebelum digunakan untuk mengisi Tepung Tortilla "Empanadas". Teratas dengan Crème Anglaise.

## 84. Isi labu

Membuat 2 cawan (480 g)

**BAHAN-BAHAN**

1 tin (15 auns, atau 425 g) labu pek pejal (bukan isi pai labu)

2 sudu besar (30 g) gula perang

1 sudu teh kayu manis tanah

1 Dalam mangkuk sederhana, menggunakan pengadun elektrik, campurkan labu, gula perang, dan kayu manis sehingga gula perang larut dan bahan-bahannya sebati.

2 Gunakan untuk mengisi Empanada. Teratas dengan Cajeta atau Dulce de Leche.

**ISI KENTANG MANIS**

Membuat 2 cawan (480 g)

2 cawan (656 g) ubi keledek tumbuk, bakar segar atau dalam tin

1 sudu besar (15 g) gula perang

1 sudu teh kayu manis tanah

1 Dalam mangkuk sederhana, menggunakan pengadun elektrik, campurkan ubi keledek, gula perang, dan kayu manis sehingga gula perang larut dan bahan-bahannya sebati.

2 Gunakan untuk mengisi Empanada. Teratas dengan Sos Nanas.

## 85. Mascarpone manis

Membuat 1 cawan (225 g)

**BAHAN-BAHAN**

8 auns (225 g) mascarpone atau keju krim

1/2 cawan (100 g) gula

1 atau 2 sudu besar (15 hingga 30 g) yogurt Yunani

1 Dalam mangkuk sederhana, satukan mascarpone atau krim keju dan gula.

2 Gunakan pengadun elektrik untuk menggabungkan keju dan gula. Untuk menipiskan keju krim, tambah yogurt Yunani mengikut keperluan untuk mencapai tekstur yang diingini.

3 Pukul hingga kembang. Sejukkan sehingga sedia untuk dihidangkan.

# 86. Crème anglaise

Membuat 2 cawan (480 g)

**BAHAN-BAHAN**

3/4 cawan (175 ml) susu penuh

3/4 cawan (175 ml) krim pekat

4 biji kuning telur

4 sudu besar (52 g) gula

2 sudu teh ekstrak vanila tulen

1 Dalam periuk sederhana dengan api perlahan, satukan susu dan krim. Panaskan selama 5 minit atau sehingga cecair menggelegak dan hanya pecah permukaannya. Keluarkan dari api.

2 Dalam mangkuk sederhana, pukul bersama kuning telur dan gula selama 2 minit atau sehingga gula larut dan adunan berwarna kuning muda.

3 Pukul campuran susu panas secara beransur-ansur ke dalam kuning, kacau sentiasa. Kembalikan adunan ke dalam periuk dengan api perlahan.

4 Masak dan kacau selama 5 minit atau sehingga kastard pekat dan menyaluti bahagian belakang sudu. Jangan rebus.

5 Angkat dari api. Masukkan vanila. Biarkan sejuk sedikit.

6 Tuangkan cecair melalui penapis halus ke dalam bekas dengan penutup yang ketat. Tutup dan sejukkan. Hidangkan sejuk.

## 87. Sos karamel Mexico

Membuat 1 1/2 cawan (360 g)

## BAHAN-BAHAN

4 cawan (946 ml) susu kambing atau lembu keseluruhan

11/4 cawan (250 g) gula

1/2 sudu teh baking soda

1 sudu teh ekstrak vanila tulen (vanila Mexico yang disahkan jika ada)

1 Dalam periuk berat bersaiz sederhana di atas api sederhana, satukan susu, gula dan soda penaik.

2 Masak, kacau sekali-sekala dengan spatula tahan panas atau sudu kayu, sehingga gula larut dan susu menjadi berbuih dan ringan, kira-kira 15 minit.

3 Teruskan memasak dengan reneh lembut, kerap kacau dan kikis bahagian tepi periuk. Masak selama kira-kira 45 minit hingga 1 jam atau sehingga adunan pekat dan bertukar menjadi keemasan.

4 Sentiasa kacau, teruskan masak sehingga adunan pekat. Ia sepatutnya cukup melekit supaya apabila spatula mengikis bahagian bawah periuk, "jejak" kekal terbuka selama 1 saat. Keluarkan dari api. Masukkan vanila.

5 Pindahkan ke balang bermulut lebar kalis haba. Ini boleh disimpan dalam peti sejuk sehingga 3 bulan. Panaskan semula perlahan-lahan dengan meletakkan balang dalam periuk air panas, bukan mendidih.

## 88. sos nenas

Membuat 2 cawan (280 g)

**BAHAN-BAHAN**

2 cawan (330 g) nanas segar yang dicincang kasar atau 1 tin (20 auns, atau 560 g) nanas yang dihancurkan

3 sudu besar (42 g) mentega

2 sudu besar (26 g) turbinado atau gula pasir

1/2 sudu teh ekstrak vanila tulen

Secubit garam

1 Dalam periuk sederhana di atas api sederhana, satukan nanas, mentega dan gula.

2 Kacau dan masak untuk melarutkan gula. Apabila gula larut dan adunan berbuih, kecilkan api. Reneh, kacau sekali-sekala, selama 5 minit atau sehingga sos pekat dan sirap.

3 Masukkan vanila dan garam.

4 Hidangkan suam atau pada suhu bilik.

# 89. Pico buah

Membuat 4 cawan (560 g)

**BAHAN-BAHAN**

1 pain (340 g) strawberi, dikupas dan dicincang kasar, untuk dijadikan 2 cawan

1 pic atau mangga, dikupas dan dicincang, untuk membuat 1 cawan (175 g)

1 epal Granny Smith, tidak dikupas dan dicincang, untuk membuat 1 cawan (125 g)

1 sudu teh jus lemon

1 Dalam mangkuk sederhana, satukan strawberi cincang, pic atau mangga dan epal.

2 Toskan hingga sebati. Masukkan jus lemon. Sejukkan sehingga sedia untuk dihidangkan.

# 90. Tomato kering matahari Spread

## BAHAN-BAHAN

Dua Sudu Besar kacang putih besar yang telah dimasak terlebih dahulu

1/2 cawan walnut

Sepuluh keping tomato kering

Satu sudu minyak zaitun atau minyak lain mengikut pilihan

Dua Sudu Besar biji labu

Satu ulas bawang putih

Kemangi segar, garam herba dan lada sulah atau rempah lain pilihan anda

## ARAH

Satukan bahan dalam pengisar dan kisar sehingga licin dan berkrim.

# 91. Mimpi Hummus

## BAHAN-BAHAN

1 cawan kacang ayam yang telah dimasak terlebih dahulu

1/2 cawan walnut

1 sudu teh tahini (pes bijan)

1 sudu kecil jintan manis

1 sudu teh cuka wain putih

Garam dan lada

Asparagus segar untuk digunakan sebagai topping

## ARAH

Satukan bahan dalam pengisar dan kisar sehingga licin dan berkrim.

## 92. cinta alpukat

**BAHAN-BAHAN**

Satu avokado

Dua Sudu Besar jus lemon yang baru diperah

Garam dan lada

Secubit garam hitam untuk rasa telur (pilihan)

**ARAH**

Satukan bahan dalam pengisar dan kisar sehingga licin dan berkrim.

## 93. Pimiento spread untuk mengisi sandwic

Hasil: 2 hidangan

**Bahan**

½ cawan Tauhu

2 sudu besar Minyak

2 sudu besar cuka epal

1 sudu besar Gula

1½ sudu teh Garam

⅛ sudu teh lada hitam

secubit serbuk bawang putih

1 paun tauhu pejal; hancur

3 sudu besar Acar manis

½ cawan Pimientos; toskan dan cincang

**ARAH**

a) Satukan 7 bahan pertama dalam pengisar dan kisar sehingga licin dan berkrim.

b) Satukan dalam mangkuk dengan bahan yang tinggal. Lebih baik jika disejukkan semalaman.

## 94. Taburan sandwic tauhu

Hasil: 4 hidangan

## BAHAN

10 auns Tauhu pejal

½ lada benggala hijau; dipotong dadu

1 tangkai saderi; dipotong dadu

1 lobak merah; parut

4 kecik bawang hijau; dihiris

1 sudu besar Parsley

1 sudu besar Capers

2 sudu besar pengganti mayonis berasaskan tauhu

1 sudu besar mustard yang telah disediakan

½ sudu teh jus lemon segar

¼ sudu teh Lada

¼ sudu teh Thyme

## ARAH

a) Campurkan semua bahan dan hidangkan di atas roti kegemaran anda bersama pucuk, tomato dan timun.

# 95. Sajian sandwic sayuran

Hasil: 1 hidangan

## BAHAN

1 pek Tauhu pejal

½ cawan mayonis soya

1 setiap bawang hijau, dipotong dadu

1 setiap lada benggala hijau, dipotong dadu

1 setiap batang Saderi, dicincang

¼ cawan bunga matahari atau biji bijan

1 sudu besar kicap

1 sudu kecil serbuk kari

1 sudu kecil Kunyit

1 sudu kecil serbuk bawang putih

## ARAH

a) Hancurkan tauhu dengan garfu. Masukkan baki bahan dan gaul rata.

b) Hidangkan pada keropok atau roti.

# 96. Lentil India tersebar

Hasil: 2 hidangan

## BAHAN

1 cawan lentil masak

4 Ulas Bawang Putih; ditekan

2 sudu kecil ketumbar dikisar

1 sudu kecil jintan halus

½ sudu teh kunyit kisar

½ sudu teh serbuk cili

½ sudu teh halia dikisar

## ARAH

a) Satukan semua bahan dalam periuk kecil. Masak perlahan-lahan dengan api perlahan, kacau sekali-sekala, selama 5 minit, untuk membenarkan rasa sebati.

b) Sejukkan selama 1 jam.

# 97. Taburan sandwic chickpea

Hasil: 4 hidangan

**BAHAN**

1 cawan Chickpeas; masak

Serbuk bawang putih secukup rasa

3 sudu besar salad dressing Itali

Garam dan lada sulah secukup rasa

**ARAH**

a) Tumbuk kacang dengan garpu dan masukkan perasa.

b) Hidangkan pada roti gandum yang telah dibakar dengan hirisan salad dan tomato.

## 98. Taburan kacang kari

Hasil: 8 hidangan

**BAHAN**

¾ cawan Air

1 Bawang besar; dicincang halus

1 cawan saderi potong dadu

1 lada benggala hijau; dipotong dadu

½ cawan lobak merah dipotong dadu

2 Cl Bawang Putih; cincang

2½ sudu teh serbuk kari

½ sudu teh jintan halus

1 sudu besar kicap

3 cawan kacang putih masak

**ARAH**

a) Letakkan air dalam periuk dan masukkan semua sayur-sayuran dan bawang putih.

b) Masak, kacau sekali-sekala, selama 15 minit. Masukkan serbuk kari, jintan manis, dan kicap, dan gaul rata.

c) Keluarkan dari api. Masukkan kacang; gaul sebati. Letakkan adunan dalam pemproses makanan atau pengisar dan proses sebentar sehingga dicincang tetapi tidak menjadi tulen. Sejuk.

## 99. Salad Sandwic Spread

Hasil: 4

**BAHAN-BAHAN**

4 bahagian tomato kering

1 – [ 15.5 oz. boleh] kacang ayam, toskan dan bilas

1 sudu teh mustard kuning

1 ½ sudu teh sos panas

½ sudu teh asap cair

1 sudu teh tahini

½ sudu teh sirap maple tulen

1 ½ sudu teh tamari terkurang natrium

½ sudu teh serbuk bawang putih

¼ sudu teh serbuk bawang

¾ sudu teh paprika salai

½ sudu teh garam laut

¼ hingga ½ cawan rasa jeruk

**IDEA MEMBERIKAN:**

Daun salad yang dicincang

Tomato yang dihiris

Roti bakar (atau bungkus)

Acar kesedapan atau jeruk

**ARAH**

a) Letakkan bahagian tomato yang telah kering dalam mangkuk kecil, tutup dengan air mendidih dan biarkan selama 5 minit untuk lembut. Selepas 5 minit, keluarkan bahagian tomato yang telah dilembutkan (buang airnya), cincang halus, dan masukkan ke dalam pemproses makanan.

b) Masukkan semua bahan yang tinggal ke dalam pemproses makanan. Pukul beberapa kali sehingga semua bahan teragih sama rata.

c) Pilihan: Kacau dalam perasa jeruk yang telah dikeringkan atau jeruk cincang.

d) Uji rasa dan laraskan ramuan mengikut kesesuaian dengan pilihan peribadi.

e) Hidangkan di atas roti bakar atau dalam balutan dengan daun salad yang dicincang bersama hirisan tomato.

## 100. Taburan Sandwic Tauhuna

## BAHAN-BAHAN

Pakej 8 auns tauhu bakar

1/2 cawan mayonis vegan, atau seperti yang dikehendaki

1 batang saderi besar, potong dadu halus

1 daun bawang (bahagian hijau sahaja), dihiris nipis

2 sudu besar yis pemakanan

## ARAH

a) Dengan menggunakan tangan anda, hancurkan tauhu dengan halus ke dalam mangkuk adunan. Atau, anda boleh pecahkan tauhu kepada beberapa bahagian, masukkan ke dalam pemproses makanan, dan putar dan matikan sehingga cincang halus dan sekata, kemudian pindahkan ke mangkuk adunan.

b) Masukkan mayonis dan saderi. Gaul sebati. Kacau dalam salah satu atau kedua-dua bahan pilihan. Pindahkan ke bekas hidangan yang lebih kecil atau hidangkan terus dari mangkuk adunan.

# KESIMPULAN

Tortilla bungkus, susun, gulung dan lipat. Ia boleh menjadi rangup atau lembut, biasa atau berperisa. Mereka bekerjasama secara semula jadi dengan hampir semua profil perisa, protein dan sayur-sayuran dalam hampir setiap bentuk. Tiada had untuk cara mereka boleh dimakan.

Namun, kami terpaksa bermula dan berhenti di suatu tempat. Kebanyakan resipi dalam buku ini mewakili hidangan yang digemari di barat daya Amerika Syarikat, America's Tortilla Belt. Negeri-negeri Texas, New Mexico, Arizona, dan California menghubungkan konchos ikat pinggang masakan ini.

Ayuh! Sudah tiba masanya untuk mencuba Tortilla.

www.ingramcontent.com/pod-product-compliance
Lightning Source LLC
Chambersburg PA
CBHW070503120526
44590CB00013B/737